24堂课
赋能微信营销

Invigorating Wechat Marketing with 24 Lectures

王克岭 朱仰晴 董俊敏 /著

经济管理出版社
ECONOMY & MANAGEMENT PUBLISHING HOUSE

图书在版编目（CIP）数据

24 堂课赋能微信营销/王克岭，朱仰晴，董俊敏著. —北京：经济管理出版社，2018.8
ISBN 978-7-5096-6029-4

Ⅰ. ①2… Ⅱ. ①王… ②朱… ③董… Ⅲ. ①网络营销 Ⅳ. ①F713.365.2

中国版本图书馆 CIP 数据核字（2018）第 215058 号

组稿编辑：宋　娜
责任编辑：宋　娜　田乃馨
责任印制：司东翔
责任校对：陈　颖

出版发行：经济管理出版社
　　　　　（北京市海淀区北蜂窝 8 号中雅大厦 A 座 11 层　100038）
网　　址：www. E-mp. com. cn
电　　话：（010）51915602
印　　刷：三河市延风印装有限公司
经　　销：新华书店
开　　本：720mm×1000mm/16
印　　张：19
字　　数：330 千字
版　　次：2019 年 1 月第 1 版　2019 年 1 月第 1 次印刷
书　　号：ISBN 978-7-5096-6029-4
定　　价：68.00 元

目录
CONTENTS

第 1 堂课

您的问题，它都替您想到了

< 课前提问 >

1. 认识微信营销的魅力，却无法掌握主动权，为什么？

2. 微信营销降低宣传成本，是真是假？

3. 什么是微信朋友圈效应？

4. 微信营销营销的究竟是什么？

5. 如何利用微信的强互动性打造自己的营销平台？

6. 微信的"微"管理功能应该怎么用？

< 本课重点 >

作为微信营销的第 1 课，旨在引起读者对微信营销的重视。与此同时，向读者简单介绍微信平台在营销方面的优势和特质。更重要的是，改变传统的营销模式和营销心态，重视每个员工在微信营销中的作用，以及重视打造"有趣"的营销平台。

老子《道德经》有云："万物之始，大道至简，衍化至繁。"这句话表明层层剥离复杂冗繁的表象之后，所显露出的道理往往是鲜明简单的。

微信营销经过近几年轰轰烈烈的发展，对企业、商家和有志于创业的个人而言，完全可以通过微信建立一个低成本、高性价比的营销平台。围绕如何利用这个平台进行营销，已成为专家学者以及实战家热议的话题，市场上、网络上各种宝典技巧层出不穷。

尽管如此，依然有很多企业，对微信营销雾里看花，看着微信大号做得如火如荼，赚得盆满钵盈，似乎大家都分到了微信营销的美味蛋糕，一直蠢蠢欲动却还是停滞不前，抑或还在驻足观望，甚至根本不知道从何入手。

一、"微"营销链：掌握营销的主动权

微信营销的魅力在于让每个个体都成为营销达人，让每家企业都轻松掌控营销自主权，而不是被动依托于第三方。

可是许多理智的企业看到，微信营销已变成了一片红海。有数据显示，尽管微信用户或微信"粉丝"在增多，但消息阅读量却在下降，互动情况不容乐观，那就更谈不上成交了。也正因为如此，企业对微信营销又爱又恨，看了很多微信营销秘籍宝典，却还是云里雾里，不知道从何做起。

造成这种僵局的原因很简单，大多数宝典技巧类的微信营销指导方法，脱离了企业运营管理的大背景，没有抓住关键，反而陶醉在自我制造的纷繁芜杂中无法自拔，直接导致从中寻找技巧突破的企业也陷入同样的纷繁芜杂中找不到出口。

事实上，企业运营是一种综合协调式的发展模式，单纯割裂来谈一种营销方式其实是一种舞花枪行为，看着精彩纷呈、眼花缭乱，实质上很难跟企业的商业运作结合起来。

微信营销出道以来，大家都将其看成一种"微"营销方式，随着应用的逐步扩展，简单地以营销促营销方式已不再有效了，因为微信平台用户早已看穿了微信营销的各种套路，见招拆招，已经从最初的盲目冲动变得更为理性。

但是恰恰是这种理性，给了企业更好的发展契机，企业需要重新认识、定位微信营销在企业发展中的真正作用，企业微信营销不仅是一种营销方式，更具有天然的企业管理基因，但是微信平台发展以来，微信营销中所隐含的企管基因，并未得到很好的认识、重视和挖掘。

将微信营销和企业运营管理有效连接，改变思路，进行整合和创新，通过虚拟和现实的互动，建立一个集企业研发、招聘、培训、品牌文化传递、营销、服务等为一体的高效互动"微"营销链，才能把微信营销的特质发挥得淋漓尽致，尽享微信营销的红利。

因此，企业需要建立一套灵活的管理思维，站在企业管理的制高点来部署微信营销，打造"微"营销链，不断优化企业结构和相关服务，轻装上阵，自如应对不可预知的市场变化。

二、四两拨千斤：成本降下来，性价比升上去

在市场竞争白热化的今天，成本控制依然是企业发展的根基。企业战略中专门有一个关于成本的战略，即成本领先战略。成本领先战略指企业通过降低自己的生产运营成本，以低于竞争对手的产品价格，获得市场占有率，并获得同行业平均水平以上的利润。但是一般情况下，企业降低成本会造成研发水平、产品质量、服务水平降低等一系列的联动效应。

然而，微信营销平台的出现，让企业眼前一亮，因为在微信营销平台中可以轻松地提供企业所追求的低成本、高性价比的营销方式。

腾讯公司于 2012 年推出了微信软件，集语音、视频等功能于一身，从相关数据中我们可以看出，微信已经成为移动互联网中最主要的入口，不断增加的用户给微信带来发展商机的同时，也给越来越多的企业带来了营销商机。

在传统商业渠道面临着人力资源成本的升高、物业成本的增高、管理运营体系成本增加的巨大成本压力下，传统粗放式推广方式已不能满足精细化市场的营销需求，企业投资回报率在不断下降。

与此同时，微信改变了消费者的社交与生活方式，企业单纯依靠以电视、广播和纸媒为途径的传统传播模式，已经难以迎合消费者的应用需求和消费习惯。

随着微信营销平台的出现，众多企业迎来了降低成本的曙光，同时也推开了一道顺应时代潮流和需求的营销之门。

（1）使用微信软件免费。微信平台只需要低流量即可运行，所产生的流量费是通过运营商收取，费用较为低廉。与发短信费用相比较，发送微信的费用是比较低的。

（2）微信营销避开了企业开展传统营销需要花费。在传统营销中，企业进行宣传、联系等环节都需要投入大量的人力和物力，成本耗费巨大。

（3）微信营销有效回避了传统巨额广告费。微信用户群数量庞大，且点击率频繁，企业可以实现精准营销，吸纳更多的目标客户，改善了传统营销盲目砸钱的局面。

（4）微信平台天然的广告效应。包括通信、网络娱乐、定位等功能为企业进行微信营销提供了强大的免费通道，降低广告成本的同时，提高了广告效果。

另外，以网络平台为依托，微信用户可以直接使用 QQ 号登录，也可以通过 QQ 号来搜索好友，这就将微信、QQ、微博等连接起来形成了巨大的关系链营销网络。

（5）智能化的客户服务系统。在使用过程中，只要输入关键词，系统就能提供自动化的服务，从而降低客户的搜寻成本。对客户群体比较大的企业来说，通过微信可以有效地减少人工费用和短信费用，并且很多操作如订单管理等都可以在微信平台上完成，这降低了较多成本。

另外，一般在传统媒体投放的广告根本无法看到用户的反馈，即使是在网络上的官方平台或者博客上的反馈也是单向或者不即时的，持续沟通效果差，而微信营销平台很轻松地解决了这些营销难题。

（6）后期维护管理。在进行营销推广之外，企业可以通过微信公众平台进行移动支付、客户服务、客户管理、品牌推广、渠道拓展等一系列营销管理工作，省去了传统营销后期维护的成本。

我国的中小微企业普遍存在规模小、总体实力不强、企业资金匮乏等特点，要像大型企业一样在传统媒体如电视、报纸、杂志、广告牌上投入大量资金是不现实的。

而微信营销平台的出现缩小了中小微企业与大型企业之间的营销资金差距，中小微企业只要能根据自身特质构建企业微信营销平台，打造"微"营销链，真正可以起到四两拨千斤的作用，实现花小钱做大营销的效果。

三、员工朋友圈效应：每个员工都是企业潜在的营销人员

微信营销中，企业营销与个人营销密不可分。

从管理层到员工，微信圈展现给客户的无一不是营销！

企业如何利用好员工微信圈构建起微信营销网？

传统企业的品牌效应主要靠企业的公关部门通过媒体关系、公关稿等来做宣传，但是微信等社交媒体让企业的品牌推广变得更为具体，尤其是中小企业，每个员工对企业文化认同与否都会通过自媒体传播放大，影响到企业文化正能量的构建，也影响到企业的品牌效应。

员工在微信圈所表现出的对企业的态度，敬业精神及团队精神直接影响到客

户和企业的成交率，员工在微信圈表现出对生活的态度也直接影响到客户对员工及企业的信赖程度。

一般看来，微信主要是一个能够让自己和家人、朋友、同事、合作伙伴等联络更紧密、交流更顺畅的沟通平台，但是我们不得不承认微信几乎可以让每个人都成为营销达人。

作为企业员工，通过微信，就可以成为企业的营销人员。当然，企业不能要求每个员工把自己的微信群朋友圈都打造成企业产品的营销基地，但是企业绝对不能忽视员工在微信群朋友圈中所展现出来的营销特质。

作为企业员工，在微信群朋友圈一定有一些企业直接客户或潜在客户，那么企业员工的一言一行都会引起这些直接客户或潜在客户的注意，而且他们会在潜意识中将企业员工的个人言行与其所在的企业联系起来。

譬如，一个员工在他的朋友圈，从来都没有提到过与企业或企业产品相关的内容，但是如果这名员工的朋友圈内容蓬勃阳光散发出积极向上的正能量，就会对其所在的企业形象有正面的影响，尤其是当员工的朋友圈有不少企业客户时，这种效应会在潜移默化中形成。

试想，如果企业员工时常在朋友圈散发负能量，朋友圈的直接客户或潜在客户会对其所在的企业产生怀疑，这种负能量究竟是来源于员工的企业、上司、同事还是家庭？如果是来源于企业或其上司、同事，那么客户对企业所提供的产品或服务的好印象也会大打折扣。

我们姑且把这种潜在的影响称为员工朋友圈效应。

那么，作为企业管理者，你有没有自检过自己的朋友圈现状？有没有了解过企业员工的朋友圈？

一方面，朋友圈的格调决定你的营销，像经营后花园的菜地一样经营你的朋友圈，这是属于你的私人领地，却也是开放给所有人免费参观的私人领地，可以被天下人尽收眼底，驻足评判，进而影响到你所处的团队和企业。

另一方面，员工的朋友圈也是了解员工工作生活状态的一个窗口，现在企业都将以人为本写入了企业文化之中，但真正人性化管理的企业不但关心员工的工作成绩，也会对员工的生活状态非常留意。

有很多人都承认，有些时候发朋友圈其实是想给特定的人看，那么企业员工所发的朋友圈是不是也想让企业更多地了解自己，进而把有些对企业或上司、同事不能或不愿直说的想法表露在朋友圈中了呢？

微信朋友圈显然是了解员工生活态度、情绪的一个最佳通道，这也是我们后文中要讲到"微"管理所涉及的内部员工管理的途径之一。

员工朋友圈效应同样在企业品牌正能量传递中起到重要作用，本书后文的内容中将具体讲到。

四、横扫企管难题：打造企业品牌正能量

虽然在传统农耕时代，古语说得好，"酒香不怕巷子深"，但现代企业管理却有一大难题"酒香也怕巷子深"。

如今伴随着互联网和移动互联网的快速发展，信息对称程度越来越高，闭门造车只能被遗忘、被淘汰。这个社会只有主动宣传、积极营销才有可能又快又准地抓住发展机遇，赢得市场。

在这种形势下，打造品牌知名度显得尤为重要。知名品牌的知名度、美誉度高，传播度广，企业发展自然不在话下。

品牌管理已成为企业健康发展、保持持久发展力的必修课程。

网络时代，人们的价值观念、行为习惯都深深地受到互联网思维的影响。人们生活中的衣食住行都与互联网产生了千丝万缕的联系，作为以消费者为中心的商业社会必然要迎合消费者的消费习惯，才能更好地抓住市场资源。

因此，企业为了更好更快地发展，必须结合现代品牌管理特征，将微信平台打造成实施品牌管理的重要平台，打造属于自己的微信品牌名片，传播品牌正能量，吸引庞大的网络用户，了解自己，关注自己，为客户提供各种特色服务、增值服务，信息资讯等。用较低的成本来提高企业品牌的知名度，打造更具影响力的企业品牌形象。

相对来说，企业和个人用户似乎站在不对等的角度，很难让个人用户很快接受一个企业品牌。

因此，企业进行微信品牌推广时也可以利用个人的力量。譬如打造企业家个人品牌，通过企业家本人的微信来传递正能量，也可以通过员工的微信，来传递企业品牌正能量。

员工朋友圈效应在企业品牌正能量传递中起到重要作用，要相信每个员工都是企业品牌的代言人。

被称为拥有"知识知趣魅力人格体"的"罗胖"罗振宇一语道破天机："自媒体拼到最后是人格。"在"罗辑思维"公众号的运营过程中，拥有高学历和丰富从业经验的罗振宇首先从人格上征服了网友，然后从经济上征服了网友。

"罗胖"传递出的这种人格魅力也正是他所构建的品牌正能量。微信平台中的品牌营销如果能依靠具有个性的传播者树立起具有个性的品牌形象，就能提高企业品牌影响力，再利用品牌影响力进行销售。

作为中小微企业，要看到这种传播的力量，增强品牌意识。利用微信平台，打破传统营销理念的限制，将新媒体技术和市场经济进行有效的结合，积极开展品牌营销策划工作，提升品牌的竞争力。

五、双赢、多赢、共赢：让盈利变得有趣

社交网络的兴起使企业注册了自己的官方主页、官方微博等。在这些平台上，企业和顾客都是用户，具有先天的平等性，企业和顾客可以互动分享，还可以在客户对企业品牌或产品进行讨论或争议的时候，迅速作出反馈，解决用户问题。

企业微信平台比官方网站、官方微博等企业社交应用平台更强大，是一个天然的客户关系管理系统，具有更好的互动性。互动性是网络媒体相较于传统媒体的一个明显优势，具有难以想象的魔力。

微信的点对点产品形态，注定了其能够通过互动的形式将普通关系发展成强联系关系，从而使得企业可以从"粉丝"眼中"陌生人"转变为"粉丝"的"朋友"，继而在与"粉丝"真诚的人际沟通中提升自身在心目中的地位。

微信平台中的微商城、微酒店、微餐厅、微支付、微众筹等应用，在改变人们生活方式的同时，也为企业和客户之间提供了更多的互动机会。

另外，企业结合自身特质和产品结构，与客户或潜在客户多方互动，进行微信"趣"营销，让营销更趋于生活化，更富有趣味性。

几种简单可实现的互动方式：

（1）游戏营销。设计简单新颖的微信小游戏，在游戏中植入品牌广告，不仅可以消除用户的视觉疲劳，也可以吸引用户。

（2）红包营销。设计丰厚的微信奖品，吸引用户参与活动，使品牌或产品得到极高的曝光率。

（3）线下活动。运用健康思维，举办线下健康行等活动，可以拉近和用户的距离，更有利于营销活动的开展。

当然，企业进行微信营销的心态很重要。企业首先要将微信平台作为一个为客户提供服务的平台，其次才是以服务促营销。

因此，企业在利用微信平台进行互动时，一定要剔除高高在上的号召姿态，要与客户或潜在客户形成良好互动关系，让客户对企业公众号形成朋友般的信赖感，愿意通过这种方式同企业一起寻找更多的合作机会。

企业为客户提供贴心的服务，同时提供增值服务，让客户得到更多的价值传递、分享，创建双赢、多赢、共赢的价值平台。这样，企业和客户双方都获得了难以估量的价值。

六、"微"管理：指尖搞掂企业内外部管理

随着微信平台的不断发展，微信功能也在不断创新拓展，为企业提供了稳定又强大的交互平台，企业的内外部管理工作几乎都可以在微信平台上得以实现。

微信公众平台集合了信息群发、关键词回复、用户消息回复、被添加回复、开发者模式等特色功能，方便企业给客户提供服务及资讯。同时，为企业接入微信支付功能、提供用户身份识别、微信地址共享、支付结算、客户关系维护、售后维权、交易统计的整套移动交易解决方案。

2016年第43期《微信数据化报告》显示，微信月活跃用户高达8.06亿，汇聚公众号超过1000万个，日提交的群发消息超70万条。微信支付累计绑卡用户数超3亿人次，2016年除夕当天微信红包收发总量80.8亿个。除微信红包外，微信支付范围已涵盖电子购物、航旅机票、生活服务、理财、公益、社交等诸多方面。在覆盖绝大部分线上消费场景的同时，微信城市服务已覆盖全国16个省78个市，接入超20万家线下商户门店，形成极具潜力的线下消费市场。

不仅如此，微信公众平台还可以帮助企业轻松实现"微"管理功能。企业可以利用企业号和微信员工群进行内部员工管理、交流和培训，而企业服务号和企业订阅号平台可以充当企业营销平台（销售信息、促销活动、新品展示等）、渠道拓展平台、人才招聘平台、企业品牌文化推送平台、网上支付平台、客户服务平台、数据分析平台等功能。

（1）企业微信营销。这点不言自明，不再赘述。

（2）渠道拓展。企业在建立自己的微信公众账号以后，会引来上下游供应商、经销商、代理商以及零售机构的关注，从而形成一个通畅的上下游渠道链，使得信息资源的分享更加精准便利。

（3）人才招聘。企业在微信平台上进行招聘，可以将招聘信息更快更准地传递出去，省去通过第三方招聘平台繁冗程序，还可以通过招聘增加企业的关注度和"粉丝"群。

（4）企业文化推送。企业通过微信平台进行企业文化传递的过程，也是积累企业品牌能量的过程，可以提升企业品牌的正能量和传播力度。

（5）网上支付平台。更轻松、更便捷、更受欢迎。

（6）客户服务平台。微信客服通过一对一的服务沟通，客服的时效性更强；微信可以提供常规的 Q&A 问答服务，通过相关关键词的自动回复，提高客服的服务效率。

在传统模式下，企业在开发新客户以后，如果没有进行很好的维护和追踪，一段时间之后，客户就会流失，并且维护客户的成本较高。而通过微信平台的方式，可以把企业出台的优惠促销信息设置成二维码（即二维码促销活动），然后根据客户不同类型进行分类，企业可以定期对客户推送信息，从而建立良好的关系，实现市场营销的规模化。

另外，企业不能仅仅满足于信息推送和获取客户，要在获取客户的基础上，加强与客户沟通互动，进行精准服务、贴心服务和增值服务，延长客户服务的链条，为客户创造更大的价值。

（7）数据分析平台。根据微信公众平台数据统计功能，企业能够有效地挖掘出用户的需求，为产品开发设计提供更好的市场依据。比如，一个蛋糕供应商如果发现在社交网站上有大量的用户寻找欧式蛋糕的信息，就可以加大欧式蛋糕的开发设计，在社交网络出现以前，这几乎是不可能实现的。而如今，只要拿出些小礼品，在社交媒体做一个活动，就会收到海量的用户反馈。

企业通过微信公众平台还可以进行低成本的舆论监控。在社交网络出现以前，企业对用户进行舆论监控的难度是很大的。而如今，社交媒体在企业危机公关时发挥的作用已经获得了广泛的认可，任何一个负面消息都是从小范围开始扩散的，然后通过社交媒体不断放大，企业只要能随时进行舆情监控，就可以有效地降低企业品牌危机的产生和扩散。

正因如此，微信公共平台创造了其他社交产品无法企及的价值，真正使指尖间的"微"管理成为现实。

<课后小结>

1. 在正式开展微信于营销之前，企业需要建立一套灵活的管理思维

站在企业管理的制高点来部署微信营销，打造"微"营销链，不断优化企业结构和相关服务，轻装上阵，以自如应对不可预知的市场变化。

2. 微信改变了消费者的社交与生活方式

企业单纯依靠以电视、广播和纸媒为途径的传统传播模式，已经难以迎合消费者的应用需求和消费习惯。微信平台的出现给中小微企业带来了降低宣传成本的曙光。

3. 朋友圈效应

指的是作为企业员工，在微信群朋友圈一定有一些企业直接客户或潜在客户的存在，那么企业员工的一言一行都会引起这些直接客户或潜在客户的注意，而且他们会在潜意识中将企业员工的个人言行与其所在的企业联系起来。企业管理者应密切注意员工的朋友圈，以正确的方式使其自愿成为产品的宣传员。

4. 企业为获得更好更快的发展，必须结合现代品牌管理特征

将微信平台打造成实施品牌管理的重要平台，打造属于自己的微信品牌名片，传播品牌正能量，吸引庞大的网络用户、微信用户，了解自己、关注自己，为客户提供各种特色服务、增值服务，分享信息资讯等。

5. 当然，企业进行微信营销的心态很重要

企业要将微信平台首当其冲地作为一个为客户提供服务的平台，其次才是以服务促营销。与此同时，企业要为客户提供贴心的服务，同时提供增值服务，让客户得到更多的价值传递、分享，创建双赢、多赢、共赢的价值平台。

6. 企业"微"管理

企业可以利用企业号和微信员工群进行内部员工管理和交流培训工作，而企业服务号和企业订阅号平台可以实现企业营销平台（销售信息、促销活动、新品展示等）、渠道拓展平台、人才招聘平台、企业品牌文化推送平台、网上支付平台、客户服务平台、数据分析平台等功能。

第 2 堂课

知己知彼：先认识自己，再认识微信

< 本课重点 >

　　微信的商机不容小觑，许多企业已经看到了微信营销的必要性和重要性，积极开展微信营销，但是真正为新营销发挥出真正实力的企业却少之又少。通过本课的学习，希望读者可以认识到自身的自我评估是正式开展微信营销的基础；同时，希望打算开展微信营销的企业认识到每一位员工对于企业微信营销的重要作用。

　　微信发展到今天，几乎每个用智能手机的人都能明白其中所包含的商机，可是作为中小微企业，微信营销的相关书籍宝典看了一箩筐，还是云里雾里。

　　事实证明，企业不可能凭借市场上所流传的秘籍宝典，很快掌握微信营销的九阳真经，做到一本万利。换句话说，就算得到九阳真经，没有天赋异禀，没有苦心孤诣的真操实练，又能奈秘籍几何？

　　"千里之行，始于足下"、"九层之台，起于垒土"、"合抱之木，生于毫末。"你的企业还没有开展微信营销？或是微信营销动手较早却仍一潭死水？或是之前小有成绩而后逐渐增长放缓？

　　别着急，尽管微信营销是基于互联网快车的营销方式，但是不等同于进行微信营销就可以同样搭上互联网快车，一日千里。

　　别糊涂地盲目跟风，也别着急翻牌，没有谁比你更懂得自己，不妨先冷静地坐下来挖掘一下自身开展微信营销的天赋异禀。

　　知己知彼：先认识自己，再认识微信。

一、磨刀不误砍柴工：企业自我评估

有的企业看到市场上很多企业微信营销做得热火朝天，立刻招来企划部和市场部元老开会，主题是企业开展微信营销的战略。

这场会议气氛热烈，参会人员不分部门、不论职位，都一致对微信营销表现出前所未有的热情，大家纷纷建言献策：

"微信营销好啊，某某竞争企业订阅号"粉丝"已经突破几千万了！"

"花小钱办大事，用微信营销后我们的营销成本就会大大降低！"

"……"

看到大家激情高涨，企业决策者更加坚定企业开展微信营销势在必行，而且是：必须！马上！立刻！

会议决议很快拟订：

从2016年10月16日起，公司申请公众号，开始正式进军微信营销！由企划部全权负责，月底看到成效！

这样可行吗？

可行！

但是效果如何还需检验。

在企业决定开展微信营销之前，需要注意的是：撸着袖子凭一时意气的时代早已过去，切忌虎头蛇尾！

企业进行微信营销初期最容易出现的问题是：

（1）盲目开展微信营销。有很多企业在看到市场中成功的微信营销所带来的红利时，意识到了微信营销的重要性，但是在企业对微信营销的认识不足，分析不到位，且对企业自身资源与微信营销平台的对接融合没有足够把握，企业各项准备不成熟的情况下，就仓促进行微信平台的构建实不可取。

雷声大雨点小，企业在进行微信平台搭建前期就按照成功企业的营销成果为自己设置目标，由于各方面准备不充分，对申请了公众号后如何维护升级并没有具体应对措施，甚至对公众号不管不顾，自然就谈不上营销效果了。

（2）盲目注重"粉丝"数量。另有一些企业，看到微信营销平台中很多"成功案例"都宣扬自己拥有庞大的"粉丝"数量，这使一些企业认为只要拥有微信公众号以及众多"粉丝"量就可以达到同样的效果，以为"粉丝"量就能直接转化为企业的销售业绩。

在申请了公众号后，把"增粉"当成了微信营销的最终目标，一切工作都以"粉丝"数量作为考核依据。依葫芦画瓢，通过一些二维码扫一扫活动吸收到"粉丝"，只盲目追求"粉丝"数量，并未趁热打铁，对"粉丝"进行互动服务和关系管理等后续工作，结果导致"粉丝"流失或"死粉"现象严重，才发现"粉丝"数量和销售效果并不成正比。

而有的企业对申请后的公众号不管不顾，使其成为"死号"，或者制定过高的微信营销目标，其结果就是营销效果不理想。抑或彻底忘记"营销"，将运营公众号定位为"粉丝关系维护"。

（3）微信营销只是"营销"工具。微信营销之所以受到很多企业欢迎，是因为其能实现"营销"目的。可是如果企业进行微信营销只是通过公众号发布产品信息或企业活动，难免会引起"粉丝"和客户的反感，不但不会促成交易，还会减少"粉丝"数量。

企业构建微信营销平台一定要以服务为先，先为客户和"粉丝"做好服务，以服务促销售，才是正途，这点在后面会具体讲到。

因此，企业在进军微信营销领域之前，不妨先静下来做个自我评估。

古训道："磨刀不误砍柴工"。这个道理在今天仍不过时，正如企业所做的其他传统战略一样，微信营销也是企业战略之一。做企业战略决策的管理者都明白，企业战略决策必须慎之又慎，稍有考虑不周，就会给企业造成难以估量的损失。

也许有人会不屑地问："微信营销大不了打不开销售市场，又没有多大投入，能有多大的损失呢？"

表面上来看，微信营销投入小，做不好似乎也没多大损失。可是真正懂得商业模式创新的企业管理者都明白，直接可以看得到算得清的损失都是有限的损失，算不清甚至看不到的损失才是无限的损失。

波特竞争理论认为决定企业获利能力的首要因素是"产业吸引力"。产业吸引力的竞争法则可以用五种竞争力来具体分析，包括竞争者的竞争力、新加入者的威胁力、客户的议价能力、供货商的议价能力及替代品或服务的威胁力。

这五种竞争力能够决定产业的获利能力，它们会影响产品的价格，成本与必要的投资。企业如果想要拥有长期的获利能力，就必须先了解所处的产业结构，并塑造对企业有利的产业结构。

微信平台营销模式的出现在一定程度上打破了企业现有的竞争力平衡，竞争对手可以通过微信平台抢占客户资源，并且进行很好的客户维护；或者客户的议价能力和供货商的议价能力通过微信平台的透明化得到了大幅提升；更甚的是微信平台带来了替代品或替代服务的威胁等，作为企业管理决策者，千万不能小看了微信平台营销的力量。

微信不仅改变了人际互动方式，也改变了企业与客户（"粉丝"）的沟通结构，重塑了行业的营销环境。

因此，建立微信营销平台绝不是申请微信订阅号或服务号那么简单，在进行微信营销平台构建之前，企业一定要像做其他战略决策一样，把握决策的各个方面和各个环节，做好前期准备，从组织、制度、方法等多方面做好相应的准备工作。

（1）组建团队。建立专业的微信营销团队，团队成员中要包括具有互联网营销知识的成员。中小微企业不一定要因此新招聘专业人员，可以从已有营销人员或企划人员中选择对互联网营销或微信营销有敏感度的员工来组建团队。

这个营销团队在拥有较好的创意和文字功底的基础上，还要对企业品牌、文化和产品有深入了解，并且能够认同企业品牌和文化，这样才能有动力和创意来开展微信公众平台的营销工作。

（2）制度。正如企业进行其他战略决策一样，建立科学的决策程序，通过自身资源评估、市场预测等方式，制定适合企业自身的微信平台营销方案和实施步骤。

（3）方法。微信营销发展到今天，已经有很多可模仿借鉴的成功经验和方法，企业要做的是，站在巨人的肩膀上，找到适合自身的方法，在进行模仿的同时大胆创新。

事实上，很多企业甚至从来没有考虑过自己的目标客户是谁，就开始跟风做起公众号盲目"吸粉"了。

微信公众号是企业持续提供精准价值的一个出口，不像企业官网只是一个展示平台。微信公众号的点击阅读传播量很重要，那么，究竟你的公众号吸引哪些人来看呢？你能带给这些人什么价值呢？他们凭什么要关注你的公众号并接收你的信息呢？

先将精准定位和目标客户的问题确定好，才不至于掉入盲目开通公众号盲目"吸粉"的泥潭。

事实上，对于中小微企业来讲，从一开始就要摆正自己的位置。虽然大家都有志于打造属于企业自身的自媒体，但是有报告显示，75%人关注公众号是为了获取资讯信息，45%的人关注企业动态和优惠，30%是享受公众号提供的快捷服务，比如海底捞的预约排队、订餐等。

因此，企业一定要先做好自我规划，究竟建立企业公众号的目的是通过提供行业资讯来提升自己的品牌认知度呢？还是为"粉丝"和客户提供企业产品优惠信息以及便捷服务呢？

这两者可以兼而有之，但一定要分出主次，再进行互相协同补充，慢慢沉淀精准目标客户。

二、企业自测题

以下问题针对准备开展微信营销的中小微企业：

（1）你是传统企业还是基于互联网的新型企业？

（2）你认为微信营销究竟能帮你的企业做什么？

（3）你的目标客户是哪些人群？

（4）微信营销是否有助于产品的销售，即购买率的提升？

（5）微信营销是否能提升你在客户心中的认知度，增加用户体验？

（6）微信营销是否有助于收集客户反馈且便于与客户沟通？

（7）微信营销是否有助于挖掘企业潜在客户？

（8）微信营销是否有利于企业信息的传播和企业目标的实现？

（9）你的竞争对手有没有运用微信营销？效果如何？

（10）你的竞争对手运用微信营销的方法？

（11）你的企业做微信营销的优势和劣势各是什么？

（12）你的企业微信营销发展的预期目标是什么？

（13）你准备组建新的微信营销团队吗？

以下问题针对已经构建起微信营销平台的中小微企业：

（1）你的企业微信营销的进展如何？

（2）你有没有建立起专业的微信营销团队？

（3）微信平台为你的企业带来了什么改变？

（4）你的企业有没有进行过微信营销的成效评估？

（5）你有没有对你的微信平台中的"粉丝"进行分类？

（6）你有没有对微信平台中的"粉丝"实现精准客户转化？

（7）你的企业有没有调整过微信营销战略？

（8）你有没有对企业的微信营销未来发展方向进行预计？

如果你是传统企业，请坐下来认真回答以上每道问题，并进行自我分析。

如果你是基于互联网发展起来的企业，也请不要妄自尊大，同样坐下来认真进行自我检测，然后再根据企业自身资源，有针对性地开展企业微信营销。

如果你的企业已经构建了微信营销平台，也不要懈怠，同样坐下来认真进行自我检测，然后再根据企业微信营销所处的阶段，有针对性地开展微信营销。

企业在进行微信营销之前，首先应该在明了企业在已有品牌和产品的基础上开通企业微信平台。企业微信平台包括企业公众号，只是企业的品牌宣传窗口，而不是一个生产基地。

媒体类的中小微企业，需要先通过公众号运营带来大量"粉丝"，之后通过广告运营来生存和发展。但是对于绝大多数产品类中小微企业，媒体性质并不是很强。因此，企业的公众号实质上是企业传播品牌和提供服务的通道。

因此，对于所有中小微企业来说，进行微信营销之前要进行自身评估，决定是否开展微信营销。

而一旦决定进入微信营销的企业，或已经开展微信营销的企业，都需要快速合理地制定企业微信平台的营销目标。而营销目标的设定，最重要的不是制定目标是什么，而是目标到底是为了解决什么问题；目标的设定会给企业带来什么价值；设定好企业微信营销的目标之后，再着力制定适合企业自身的微信平台营销方案和实施步骤，按照步骤实施，并不断检测，不断调整，以期获得微信营销的最大红利。

三、别落下员工培训这门"辅课"

在企业进行自我检测之后，千万别忘记开展员工培训。员工培训看似是一门

"辅课"，但在企业管理中却起着厚积薄发的作用，在微信营销中同样不容小觑。前面讲到的"员工微信圈效应"就点明了员工在企业微信营销中的重要作用。

很多企业都存在一个有趣的现象，微信营销似乎只是运营微信号的企划人员的事，与其他人半毛钱关系都没有。

如果你的员工对企业微信营销抱有事不关己高高挂起的心态，又怎么可能希望别的用户对你的企业感兴趣，进而对你的产品感兴趣呢？

因此，在全面进军微信营销领域之前，不妨先进行一场员工微信营销培训。这里提到的员工微信培训不一定要去找微信营销培训机构，也不是针对企业新组建的微信营销团队而进行的培训。

这里指的培训是针对企业从上至下全体人员，包括董事长、CEO，也包括普通一线员工，甚至后勤人员、保安、保洁阿姨等。

最成功的领导一定是个会满足手下人心理需求的人。试想，如果企业保安的朋友圈都在做企业产品或企业活动的宣传，是不是也从侧面反映出员工对所在企业的关注度和认可度很高呢？

那么，企业员工微信营销培训请不要直接从微信营销入手，先从满足员工心理需求开始。所谓满足员工心理需求是个庞大而笼统的话题，作为企业来讲，要把握的一点是让员工认同企业文化，从而构建起企业强文化。

因此，员工微信营销培训可以把控如下：

1. 企业文化培训

相信绝大多数企业都对员工进行过企业文化培训，但是很多企业员工对所处企业的文化认同度不高，或不了解。归根结底，是企业没有构建起企业强文化。

企业文化是企业在生产经营实践中，逐步形成的，为全体员工所认同并遵守，带有本组织特点的使命、愿景、宗旨、精神、价值观和经营理念，以及这些理念在生产经营实践，管理制度，员工行为方式与企业对外形象体现的总和。

企业文化是企业的灵魂，是一种可传承的精神和价值观。企业强文化甚至不需要刻意培训，可以通过企业内部员工的传帮带效应通过老员工潜移默化地传承给新员工。

因此，企业要构建企业强文化，提高员工对企业的关注度与认可度。

2. 员工微信营销知识培训

虽然每个员工都在用微信，但是大家对微信营销知识又了解多少呢？作为一个拥有企业归属感的员工，如果企业的事就是自己的事，又为什么不通过微信来开展自家产品的营销呢?

这里所说的员工营销不是说让每个员工都去做企业营销人员要做的事,而是让每个员工都能在微信中打造微信自我正能量,传播企业正能量,从而提升企业正能量。

3. 员工微信朋友圈约束

正如前面员工微信"朋友圈"效应中所提到的,企业管理者需要认识到员工微信朋友圈的重要作用,请员工管好自己的朋友圈,或者将工作微信和私人微信分开。

进行了全员培训后,是不是可以组建专职专业的微信营销团队来开展微信营销呢?这也是企业自测题里需要认真考虑的一个问题。

作为中小微企业,尤其是微型企业,每个员工都是以一抵十的精兵强将,专业分工可能不会太细致,因此可能会让企划部或市场部员工兼起微信营销的工作。那么,就要认真考量微信营销平台构建完善以后,后期的更新维护是不是可以跟得上?因为已经有很多企业信心满满地申请了所有类型的公众号,包括订阅号、服务号、企业号以及小程序,想将所有的天机都尽揽囊中,可是却无一有进展。

这也是本书特意强调的企业前期一定要先做好微信营销的准备工作、预期目标和效果评估,最好在申请公众号之前先行布局。

四、量体裁衣:传统营销与微信营销分家和融合

虽然营销都是相通的,但是对于一个靠传统营销起家的企业,最明智的做法是将传统营销和微信营销划分开。

有些传统企业也想分得微信营销的一杯羹,可是,传统营销和微信营销都是同一个市场部甚至是同一个人在做,不是说这样做没有效果,但是两者思维不同,肯定会有所牵制,就会使微信营销的效果大打折扣。

微信营销是移动互联网时代企业对营销模式一种新的探索,作为一种新兴的营销方式,微信营销的本质上是一种社会化营销,遵循社会化营销共同的特点。但是与此同时,微信是一个创新的产品,有其独一无二的特质。因此,基于微信进行的营销工作不能全部照搬传统营销的做法。

有些企业在进行传统营销时有自己的独到之处,或许在过去的市场上百试不

爽，但如果照搬过来应用于微信营销，可能会适得其反。对企业来说，开展微信营销，除了需要进行观念上的改变，还要掌握针对微信营销平台行之有效的方法。

微信营销具有和传统营销完全不同的特点：

1. 微信营销定位精准

微信营销依赖于移动平台形成的用户群体，突破了传统营销的时间和空间限制，便于商家对微信客户信息的分析，并精准筛选，进而采取合适的营销策略。

2. 微信营销强调内容

相较于传统营销，微信营销对内容的要求不再是简单明了容易传诵式的广告语效应，而是有内涵可持续的内容提供，这就对企业提出了更高的要求。

3. 微信营销打破了服务模式

微信营销在为企业拓宽新的销售渠道的同时，也带来了服务模式的创新。企业通过微信平台对客户进行服务，包括各种增值服务，以服务提升客户黏度。

4. 微信营销便于数据分析和舆论监控

这是微信营销重要的制胜亮点，企业如果能够有效地利用数据分析即可延伸营销的成效。

与此同时，微信营销又是一种营销方式，不会脱离营销的根本。对于传统企业来说，微信营销与传统营销既要有所分离还要有所融合。

许多企业都是安排企划部或市场部来做公众号，具体部门中又只安排给一个或几个员工兼职来做，员工在做好自己已有工作的同时，要兼顾公众号的运营，可是待遇并未提高。

这样就会造成公众号处于一种尴尬境地，兼职员工可能会简单地每天推送内容，可是并无心去挖掘如何真正地做好公众号的运营。

对于有志于在微信平台上做出一番成绩的企业，需要结合企业的实际情况，建立专业的运营团队，针对自己的细分客户群进行内容推送和活动设计，推送受众群体感兴趣的内容，以此来增加客户黏度。

万事俱备，只欠东风。接下来要做的就是全面着手构建微信营销平台。

< 课后小结 >

1. 对于公众号来说，订阅用户数量的确重要，但是在"吸粉"之前要先将精准定位和目标客户的问题确定好

因此，企业一定要先做好自我规划，建立企业公众号的目的是通过提供行业资讯来提升自己的品牌认知度呢，还是为"粉丝"和客户提供企业产品优惠信息以及便捷服务呢？这两者可以兼而有之，但一定要分出主次，再进行互相协同补充，慢慢沉淀精准目标客户。

2. 对于所有中小微企业来说，进行微信营销之前要进行自身评估

决定是否开展微信营销。一旦决定进入微信营销的企业，或已经开展微信营销的企业，都需要快速合理地设定企业微信平台的营销目标。

3. 微信营销不只是销售部门个别员工的工作

成功的微信营销离不开企业全部员工的积极参与，因此企业员工微信营销培训请不要直接从微信营销入手，作为企业来讲，让员工认同企业文化，从而构建起企业强文化是开展微信营销的第一步。

4. 微信营销的本质还是营销

因此简单地割裂微信营销和传统营销并不是一个明智的做法，有志于在微信营销领域创出一片天地的企业更应该研究如何使微信营销与传统营销相结合，取长补短，开创企业营销的新格局。

第 3 堂课

事无巨细：全面认识微信营销平台

< 课前提问 >

1. 微信群除了发红包还能干什么?

2. 微信朋友圈除了"晒"生活还有什么营销用途?

3. 如何选择建立什么样的公众号?

4. 什么是微信生态圈,生态圈的作用是什么?

< 本课重点 >

　　微信群、微信朋友圈和微信公众号是微信营销必备的三大法宝,然而对于企业而言并不需要三管齐下,而是需要选择 1~2 种方法开展营销。同时本章引入了微信生态圈的概念,生态圈的出现为企业提供了越来越便捷的营销通道,越来越多的企业开始瞄准微信开展营销。

< 案例分析 >

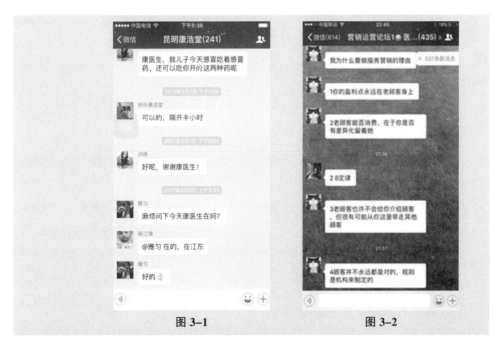

图 3-1　　　　　　　　　　　　　图 3-2

对比图 3-1 和图 3-2,你能发现什么不同呢?

一、微信群

做好足够打一场硬战、持久战的心理准备后，不妨先从最简单可行的微信群开始。

微信群绝对不是没事儿发发红包那么简单，企业千万别小看了微信群的作用，微信群是提供贴心服务和互动沟通的最佳方式，也是实现潜在营销和精准营销的重要基地。

每个企业的内部都会有意或无意地建立起各种各样的微信群，这些微信群规模有大有小，大多都是围绕着企业管理和实际工作建立起来的，包括企业外部工作群和企业内部工作群。譬如外部客户群、代理群，内部销售群、研发群等，这些微信群都是因为同一个企业而产生，有的群表现出企业强文化，有些群表现出企业亚文化，都隐含着企业文化的特质。因此，如果有效加以运营，会为企业带来良好的效应。

构建微信群很简单，只需要点击微信主页面右上角的"+"按钮，在出现的下拉菜单中选择"发起群聊"，之后添加群成员就可以了。

案例 1　客户服务群

图 3-1 是一个地方名医馆建立的微信群，群成员都是曾经在此名医馆就诊过的患者，也可称为该名医馆的老客户。

此微信群在不断壮大中，因为不断有新客户加入。

名医馆搭建此群的目的是更顺畅地为患者客户提供服务，群内提供的服务包括：

（1）诊前咨询。

（2）诊后服务。

（3）药品推介（名医自己研发的药品）。

（4）保健常识推送。

（5）群成员探讨用药心得。

群里有个不成文的规矩，一般不提与诊疗无关的话题，大家都自觉地遵守此规定。该群加强了医生和患者之间的沟通交流，在一定程度上提升了名医馆的服务水平和办事效率，实现了最简单却最有效的客户关系管理。

案例 2　内部分享群

图 3-2 体现了微信群的另一大作用是内部分享交流管理。该类型的群比较常见，比如员工内部建立的项目管理群、团队内部交流群以及一些专业论坛建立起的分享交流群等。

图 3-2 是一个营销运营论坛群，群成员都是营销爱好者以及营销实战专家，所分享的多是实战经验。

企业可以借鉴这种论坛建群方式，与自己代理商或分销机构共同建群，分享实战经验，以有效促进企业发展。

员工内部项目组或不同部门都可以建立相应的微信群，开展工作的交流分享。

另外，企业可以尝试将会议室搬进微信群，取消一些繁复冗长的会议室会议，随时都可以进行微信群会议，简单、快速又高效。

单从微信营销角度来讲，企业可以对客户进行分类，针对不同的客户，建立分门别类的微信群，开展服务的同时进行潜在的精准营销。

微信群是企业构建微信平台中的重要一环，在第 5 堂课中我们将具体讲解如何构建和搅活微信群。

二、微信朋友圈

＜案例分析＞

图 3-3 来自一位企业女员工的朋友圈截图，通过这张截图你有什么感受呢？

很多人玩微信，大多时间都驻足在朋友圈。朋友圈是微信使用率最高的功能之一，是一个综合性的展示平台，可以发布图片、文字以及音乐视频等，是天然的营销平台。朋友圈指的是用户以及其微信好友共同形成的一个圈子。

微信朋友圈营销要从消费者的心理需求出发，使消费者主动参与到购买中来，从中获得与以往不同的消费体验。

企业可以通过微信圈进行微信营销。朋友圈集赞活动、投票活动、分享转发活动等，都是企业通常采用的一些营销方式。企业的营销信息发布在朋友圈只是

图 3-3

完成了首次传播，一旦信息符合个体取向，便会得到转发，这样信息就获得了二次传播的机会。

与此同时，企业可以因势利导，借助团队的力量来做微信圈营销，前文中提到的员工微信圈效应可以加以有效利用。

在"三八妇女节"那天，有个女员工在朋友圈发布了这样一条信息："突然想起，去年今日，老大让部门小伙伴每人给我准备了一份礼物（部门只有我一个女生）！当时觉得没什么，等过后回忆起来才温暖无比!"并配了一张关于感恩的图片。

图 3-3 不是一则营销广告，只是女员工的私人朋友圈，可是其中信息量不少，隐含了所处企业的相关信息。

（1）展现出女员工所在的是一个以人为本、关心员工的企业。

（2）女员工对企业的认同度和信任感比较强。

（3）去年和今年的对比，会让人产生疑问，今年过妇女节企业又是如何做的呢？

利用朋友圈开展企业营销时，要注意以下几点：

1. 切忌盲目刷屏

简单刷屏是一种近乎粗暴的宣传方式，会在一定程度上引起客户或潜在客户的反感，损害了客户对企业的信任。微信营销要以引起客户或潜在客户关注为前提，了解客户的心理需求，进行有针对性、有价值的营销，切忌盲目刷屏或盲目发送营销信息。

2. 信息内容创新

新鲜事物更能引人注意，千篇一律的营销广告内容转发不会取得很好的营销效果，内容要具有一定的创新性，如何将传统的图文转发模式提升到一个新高度，是企业微信营销部门最需要钻研的内容之一。

微信朋友圈的营销信息内容可以通过信息的隐含方式来传递，例如可以与当下的热点话题相结合，引起客户或潜在客户的关注，通过热点话题的代入感，引入到客户或潜在客户所关心的产品中，避免直接发送产品信息引起的生硬感或抵触心理。

3. 发送时间的选择

微信朋友圈的营销会受到时间限制，每个人的朋友圈每天都有海量的信息，难免很多信息都不曾被看到。因为朋友圈信息没有置顶功能，也不能选择精准投放位置，为了避免信息流失，可以适当进行发送时间的安排。例如午饭和晚饭之余的休息时间，大多数人会选择在这一时间浏览手机，这时推送的营销信息更容易被客户或潜在客户看到。

第5课堂中我们也会详细讲解企业营销如何将企业公众号、微信客户群和个人微信朋友圈紧密结合起来，相互协同打赢微信营销之战。

三、微信公众号

微信公众平台的首页欢迎语："再小的个体，也有自己的品牌。"看到这句话是不是平添了几分自信呢？似乎很快就为个体和中小微企业注入了"我为自己代言"的力量！

微信提供公众号申请，进入微信公众平台注册页面，有四种注册号可供选择：订阅号、服务号、企业号和小程序。

订阅号： 具有信息发布与传播的功能，适合个人及媒体注册。主要偏重于为用户传达资讯（类似报纸杂志），认证前后都是每天只可以群发一条消息。可申请个人订阅号或企业订阅号。

服务号： 具有用户管理与提供业务服务的功能，适合企业及组织注册。主要偏重于交互服务（类似银行或 114，提供服务查询），认证前后都是每个月可群发 4 条消息。

小程序： 具有出色的体验，可以被便捷地获取与传播，适合于有服务内容的企业或组织注册。

企业号： 具有实现企业内部沟通与内部协同管理的能力，适合企业客户注册。主要用于公司内部通信使用，需要先验证身份才可以关注企业号。企业号可以高效地帮助政府、企业及组织构建自己独有的生态系统，随时随地链接员工、上下游合作伙伴及内部系统和应用，实现业务及管理的互联网化。

以上是微信平台关于这四种注册号的说明，企业进行微信营销可选的公众号主要是订阅号和服务号，企业号可以用于内部管理，而小程序打通了一条开发渠道，企业或组织可以通过这个渠道在公众号上实现一些具有自我创新特色的二次开发功能。

微信平台为了规范公众号、减少垃圾营销号，在推出公众号功能以来，一直在不断完善订阅号和服务号的申请规则。从 2015 年开始，个人（可以通过认证的名人除外）申请公众号无法通过认证，因此无法使用微信公众平台的完整功能，而企业可以通过提供公司资质（包括营业执照、公司账户等）通过认证，就可以利用微信平台所提供的完整功能。

对于中小微企业来说，只要有公司资质，就可以申请公众号，而申请这四种类型的公众号，都需要用一个未被微信平台绑定的邮箱，企业认证会收取 300 元/年的第三方认证费用。

微信平台注册时会有温馨提示：

（1）如果想简单地发送消息，达到宣传效果，建议可选择订阅号。

（2）如果想进行商品销售，进行商品售卖，建议可申请服务号。

（3）如果想用来管理内部企业员工、团队，对内使用，可申请企业号。

（4）订阅号可在微信认证资质审核通过后有一次升级为服务号的入口，升级成功后类型不可再变。

（5）服务号不可变更为订阅号。

表 3-1　企业号与服务号、订阅号的区别

	企业号	服务号	订阅号
面向人群	面向企业、政府、事业单位或非政府组织，实现生产管理、协作运营的移动化	面向企业、政府或组织，用以对用户进行服务	面向媒体或个人，提供一种信息传播方式
消息显示方式	出现在好友会话列表首层	出现在好友会话列表首层	折叠在订阅号目录中
消息次数限制	最高每分钟可群发 1000 次	每月主动发送消息不超过 4 条	每天群发 1 条
验证关注者身份	通信录成员可关注	任何微信用户扫码即可关注	任何微信用户扫码即可关注
消息保密	消息可转发、分享。支持消息保密，防成员转发	消息可转发、分享	消息可转发、分享
高级接口权限	支持	支持	不支持
定制应用	可根据需要定制应用，多个应用聚合成一个企业号	不支持，新增服务号需要重新关注	不支持，新增服务号需要重新关注

资料来源：微信公众平台。

表 3-1 是腾讯公司推出微信平台时对微信服务号、订阅号和企业号的对比描述。

虽然前面提到微信公众平台推出的四种公众号各有不同，很多企业在面对订阅号和服务号时，还是不知道该如何取舍，以下侧重来对比服务号与订阅号的细节区别：

服务号，顾名思义是以服务为导向，可以为企业提供更强大的业务服务和用户管理平台，帮助企业快速地进行服务覆盖。

（1）服务号强化的是业务服务和用户管理能力，在信息推送上有所不足，一个月内只能向"粉丝"发送四条群发信息。

（2）虽然服务号在信息群发上受到限制，但却能让"粉丝"即时阅读，其发送的信息会显示在"粉丝"的聊天列表中，在消息发送之后，"粉丝"会及时收到消息提醒。

（3）服务号可以申请开通微信小店，对企业产品进行售卖。

订阅号的自媒体属性更强，侧重于信息发布提供一种新的信息传播方式，构建企业和"粉丝"之间顺畅沟通和管理的模式。

（1）订阅号每天都可以向"粉丝"推送一条群发信息，在信息传播方面体现出更大的价值。

（2）订阅号发布的信息在用户的通信录中将被放置于订阅号文件夹中，其向用户发送信息后，用户也不会即时收到信息提醒。

（3）订阅号不能申请开通微信小店，开微店需要通过第三方商城平台。

企业可以根据自身特质和资源来选择开通何种类型的公众号，在决定之前，企业需要注意以下几点：

1. 定位企业微信生态链

企业需要定位自己的微信生态链，自己究竟要在微信生态链上让客户或"粉丝"看到什么内容，企业有没有可上架售卖的产品。

构建微信生态链的初衷是为了立足于服务，为客户或"粉丝"提供售前、售后咨询服务的同时彰显品牌，进行宣传呢？还是有具体可上架的产品进行展示、销售呢？

2. 多种平台相互呼应，形成协同效应

企业可以根据微信订阅号、服务号、企业号等的不同特点，以订阅号为主要推广阵地实现营销信息传播，以服务号开展客户互动管理和开通商城。并将企业官网、官方博客等平台有机衔接起来，多个平台之间相互关联、相互配合，形成一个全方位的立体式宣传。

3. 切忌贪多贪大

微信功能如此强大，企业应该以改善服务水平、促进宣传营销为目的，根据自身需求做出有利选择，切忌眉毛胡子一把抓，因为微信平台的应用功能很强大，就全部拿来为己所用。

如果用到的平台较多，势必需要更多更大的投入。企业要清晰地锁定自己的目标，找到真正有利于自身的平台应用，将有限的精力精准地运用在最适合的平台上，从而打造出适合自身发展的微信营销生态链。

关于申请构建微信服务号、订阅号、企业号以及开通微信小店或微商城的具体步骤和需注意细节等将在第6课堂中详细讲述。

四、微信生态圈

面对消费结构升级、消费层次细化以及移动网络销售的兴起，零售企业尝试多业态经营以打造立体销售格局，最大限度地发挥经营优势的附加值。众多的大型百货零售业开始从单一的线下实体走向线上线下融合的全渠道多业态模式。

微信营销是网络时代对传统营销模式的重大创新，在移动互联的内容模式、信息发送、阅读显示、订阅、用户关系、使用习惯、功能开发等众多应用方面脱颖而出。2016 年 5 月中旬微信全面升级包括微信会员卡、电子发票、扫一扫等多个领域的商业服务功能，希望通过对实体会员卡或发票的"革命"，让用户更多地留在微信生态链上。

这就为企业提供了越来越便捷的营销通道，越来越多的企业开始瞄准微信营销。相较于微博，微信有着更强的受众黏性和更为精准的营销功能。在微信群、微信朋友圈、微信公众号的基础上，企业还可以延伸开微店，将自己的产品直接放在微信小店或微信商城中售卖，打通一条完整的微信生态链。

微信小店是基于微信公众服务号开通的新功能，由腾讯微信自行研发，开店操作都是在微信服务号中完成。只要登录微信服务号，就可以轻松开店，开启电商模式后，就可以对自己的商品进行分类或分区，真正做到零成本开店。

与微信小店不同，微信商城是基于微信公众平台授权的第三方商城系统，譬如"有赞"、"口袋通"、"微铺子"等，通过第三方平台，可以提供比微信小店更丰富、多元化的功能。

通过微信小店以及第三方微信商城，微信平台以微信公众号+微信支付为基础，帮助传统行业将原有商业模式移植到微信平台，通过移动电商入口、用户识别、数据分析、支付结算、客户关系维护、售后服务和维权、社交推广等功能形成整套的闭环式移动互联网商业解决方案。

开通微信小店和微信商城的具体操作步骤将在第 6 课堂中详细讲解。

另外，在微信生态链中还有一个可以将公众号与"粉丝"群紧密联系在一起进行互动的社区，叫兴趣部落。兴趣部落是腾讯 QQ 之前打造的产品，在 2015 年与"微社区"合并，成为既能与 QQ 关联，还能与公众号链接的一个社区平台。

兴趣部落解决了关注同一微信公众号的所有用户都是独立的，无法直接交流或互动的难题，使得关注同一微信公众号的"粉丝"或客户可以在同一个社区中畅所欲言，将公众号"一对多"单向推送信息方式变成用户与用户、用户与平台之间"多对多"的交互沟通模式。

兴趣部落为公众号的"粉丝"或客户提供了一个类似于贴吧、微博或微信朋友圈的社区，让"粉丝"或客户基于话题和共同兴趣，通过发帖或回复的沟通方式，从被动的信息接收者转向微社区的信息创造者和互动体验者，给用户带来良好互动体验的同时，也成为微信公众号运营者打造人气移动社区、增强用户黏性的有力工具。

基于QQ的兴趣部落，合并微社区加入微信营销平台，使部落"粉丝"不再局限于公众号的用户，可以链接更多的微信用户或QQ用户，拓展微社区的功能。

微信支付、微信小店、微信商城和微社区兴趣部落的出现，将微信群、微信朋友圈结合了起来，使微信公众平台的线上线下交流形成了完整的互动和消费闭环。

微信不但可以打造品牌，还可以将品牌资产转化为销售业绩，吸引客户和合作资源。并通过客户和"粉丝"进行传播和宣传，可谓是打造出了一个全新的微信生态圈。

＜课后小结＞

1. 关于微信群

单从微信营销角度来讲，企业可以针对不同的客户，对客户进行分类，建立分门别类的微信群，开展服务的同时进行潜在的精准营销。

2. 关于微信朋友圈

微信朋友圈营销要从消费者的心理需求出发，使消费者主动参与到购买中来，从中获得与以往不同的消费体验。企业的营销信息发布在朋友圈只是完成了首次传播，一旦信息符合个体取向，便会得到转发，这样信息就获得了二次传播的机会。与此同时，企业可以借助团队的力量来做微信圈营销，如员工微信圈效应。

3. 关于微信公众账号

微信提供公众号有四种注册号可供选择：订阅号、服务号、企业号和小程序。对于中小微企业来说，只要有公司资质，就可以申请公众号，而这四种类型，都通过一个未被微信平台绑定的邮箱来注册，企业认证会收取 300 元/年的第三方认证费用。

4. 关于微信生态圈

微信支付、微信小店、微信商城和微社区"兴趣部落"与微信群、微信朋友圈结合起来，使微信公众平台的线上线下交流互动形成了完整的互动和消费闭环。微信不但可以打造品牌，还可以实现品牌资产转化为销售业绩，吸引客户和合作资源，并通过客户和"粉丝"进行传播和宣传，可谓是打造出了一个全新的微信生态圈。

第 4 堂课

一鼓作气：打造企业微信品牌正能量

< 课前提问 >

1. 微信公众号的"粉丝"和客户的区别是什么?

2. "粉丝"数量和质量哪个重要?

3. 怎样的公众号才能被称为"成功"的公众号?

< 本课重点 >

　　很多企业认识到了微信公众号的重要性,也十分认可其重要性,但是在微信公众号的运营过程中,很多企业抓错了重点。对于一个成功的微信公众号来说,"粉丝"的质量比"粉丝"的数量重要得多;从"粉丝"到客户的转化率又比"粉丝"的质量重要得多。如何提高"粉丝"质量和"粉丝"客户转化率,这就需要微信公众号的运营者们思考公众号的灵魂究竟是什么,公众号到底想给自己的"粉丝"传递出什么内容。

一、"粉丝"的价值

关注公共号的微信用户在微信公众平台上被称为"订阅用户",但是大家都习惯称为"粉丝"。在本书中,我们首先把"粉丝"和客户的概念做一简单区分。

企业"粉丝"和客户是两个完全不同的概念,但是在微信公众平台上,这两个概念很容易被混为一谈。

企业微信公众平台的"粉丝"即企业微信公众平台的"订阅用户",指的是因为某种原因对企业品牌或产品产生兴趣或喜爱其品牌或产品,进而在微信平台上关注企业微信公众号的微信用户。

客户则是一个销售概念,与企业达成交易实现销售,购买了企业产品的"粉丝"或用户才是企业的客户。在精准营销的过程中,有购买意愿或购买潜力的"粉丝"可以被称为企业的目标客户。

因此,在微信公众平台中,有一部分"粉丝"通过销售成交转化为企业客户,还有一部分是目标客户,但并不是所有的"粉丝"都是目标客户。

同样的道理,我们在做品牌和卖产品的过程中,也是在将"粉丝"和客源之间进行有效的互动。"粉丝"和客户之间的区别并不是最重要的,最核心的还是要将沟通做好,只有这样才能真正地实现微信平台的价值。

企业做微信公众平台,首先是做服务,其次是做营销。服务是营销的基础,因此,企业做微信公众平台归根结底做的是精准营销。

精准营销的核心是实现从"粉丝"到成交客户的转化,通过服务+互动来实现。那么,不产生消费的"粉丝"是不是就没有任何意义了呢?

其实并不是这样,有一部分"粉丝"或许不与企业产生任何销售成交,但是却参与了互动,并分享了企业微信品牌,也为企业带来了潜在价值,这样的"粉丝"同样不容忽视。

因此,企业在建立公众平台之初,就需要明确一点的是在企业微信公众平台中,"粉丝"最大的价值不是直接转化为客户,而是帮助企业实现分享传播企业品牌或产品。

明确这一点,对于所有希望在微信公众平台中有所建树的中小微企业至关重要。

传统广告是通过大众媒体广而告之，而通过网络新媒体——微信公众平台实现的则是一种"口碑效应"，一传十、十传百、百传万的病毒式传播。

这种传播方式通过人们之间分享的欲望来实现快速复制，成本低、效率高，如果传播得当，集聚爆发的传播力量不可估量。

病毒式营销并非是一种营销工具，而是一种营销方法，其重在创意、传播方式与执行方式上。

正因如此，企业不妨自检一下：企业在追求"粉丝"数量之初，有没有为"粉丝"准备好值得分享传播的干货？

你究竟在拿什么来吸引和犒劳你的"粉丝"？

二、忘掉"粉丝"数量这点事儿

弄明白了"粉丝"和客户的区别，以及"粉丝"的价值，那么不妨冲破公众号运营禁锢，忘掉"粉丝"数量这回事儿。

还在刷屏吗？

还在漫无目的地推送无关痛痒的鸡汤软文吗？

还在盲目"吸粉"吗？

还在搞完成任务式的"扫一扫"活动吗？

不妨换位思考，您对微信圈的刷屏广告有何感受？您还会看漫无天际的公众号鸡汤软文吗？您还愿意参加"扫一扫"赠送小礼物等类似活动吗？

很多企业进行微信营销初期会把积累公众号"粉丝"数量当成头等大事和首要工作，可是现在越来越多地出现了客户不愿意扫描商家产品二维码的现象。

一方面是出于对微信安全的考虑，另一方面缘于这种方式被一些不注重用户体验的商家给滥用了。

许多人刚接触扫码关注时可能觉得新颖，久而久之就会感到厌烦。尤其有参加过这种活动的不良体验，或者没有得到很好的互动维护以后，很多人就会从内心排斥或拒绝参加类似的活动。

做微信营销，一定要忘掉"粉丝"数量，因为"粉丝"数量只是一个噱头而已，企业真正需要的是"粉丝"质量。

每个"粉丝"都是活生生的人，不是简单可量化的物质，不是机器，不是电脑，不是华为、iPhone 或其他某个品牌的手机，更不是一个简单的微信头像。

切记，每个简单的微信头像后面都是一个冷静而明智的人，具有机器无法企及的对信息的精准分析和掌控能力，企业微信营销平台需要提供真真切切的价值，提供持续有营养的内容才能真正拥有高质量的企业"粉丝"，才会使"粉丝"产生转发分享的意愿，也才有可能将其转化为客户。

1. 建立微信"粉丝"数量和质量并重的理念

线下扫描二维码送礼品的活动是增加企业公众号"粉丝"数量的一种方式，可以达到快速"吸粉"的效果，"粉丝"数量增长很显著。

许多企业通过类似方式，开展各种线下活动疯狂吸粉，结果发现，这样吸来的"粉丝"流失率非常高。许多微信用户在对活动企业一无所知的情况下，只是为了礼品添加企业微信公众号，在拿到礼品后可能会很快取消关注。另一种现象是，尽管一部分人没有取消关注，但是从未打开过企业推送的营销信息，一直视而不见未加留意，只是企业微信公众号的"僵尸粉"而已。

这就在提醒企业，"粉丝"数量绝对不能等同于"粉丝"质量，在注重"粉丝"数量的同时，也要注重对"粉丝"数量的转化，尽可能多地把普通"粉丝"数量转化为忠实"粉丝"，这才能为提高销售奠定基础。

企业可以利用现有资源配合现场促销活动等方式积累微信"粉丝"，与此同时，要认真分析自己的客户群体，通过有目标、有步骤的后期互动维护，提升"粉丝"质量才是核心。

另外，有些企业并不适合通过扫码送礼物活动来吸引微信"粉丝"，不要脱离自身资质盲目地开展线下吸粉活动。

2. 挖掘"粉丝"需求，推送"粉丝"需要并愿意分享的内容

大多数中小微企业做微信营销时，并不重视内容，而是以展示企业风貌为主。想想你的"粉丝"会在朋友圈转发分享企业新闻或企业奖项吗？

"粉丝"真正的需求是希望从你的公众号得到有利于体现自身价值的干货。因此，企业做公众号，要以服务和内容为主，企业展示介绍类为辅。说到底，还是要通过真正可以产生分享意愿的内容来实现企业品牌的传播。

如果微信营销不能从线上吸引"粉丝"为产品站台，从而分享企业品牌或企业产品，那么"粉丝"数量只是噱头，没有太多实际意义，要实现营销成交的难度很大。

3. 注重"粉丝"后期维护与互动，将"粉丝"转化为企业客户

企业在进行"粉丝"关系维护时，不能太突出商业信息，以传达企业文化和做好"粉丝"服务为主，可以选择用幽默、诙谐和真诚的语气或态度与"粉丝"交流，这样能产生更好的效果。

在此基础上，不要忘记微信营销最重要的还是"营销"二字，如何将企业的产品更好地通过营销销售出去才是构建微信营销平台的目的。

因此，企业追求的并不是"粉丝"量的突飞猛进，如果一个企业账号带来的"粉丝"与企业的品牌、服务产品没有太多的关系，"粉丝"量再多也没有意义，这也是很多"粉丝"量众多的公众号一直找不到如何实现"粉丝"到客户转化的原因。

想要提高"粉丝"转化客户的比率，最重要的还是对企业"粉丝"的需求进行再细分，只有这样才能不同程度、分门别类地采取相应的营销方式。

4. 言而有信，增强客户黏性

由于微信营销是一种新兴的营销方式，但是由于新兴事物缺乏各种监管，商家虚假宣传，三无产品介入，交易没有任何担保，风险较大，这些因素直接影响到企业营销的信用度。

微信营销是一把双刃剑，病毒式的传播，虽然可能在极短的时间内扩散知名度，但也可能在极短的时间内颠覆一个品牌。

对于有资质、有可信产品的企业来说，不要一开始就效仿别人进行微信营销活动，企业需要花费时间、成本调研目标用户的喜好，精心设计营销活动。

企业在开展营销活动的过程中，一定要做到言而有信，活动后期能够兑现承诺，服务到位，才有可能赢得客户信赖，增强客户对企业产品以及对企业的黏性。

三、注意：请给公众号一个灵魂

< 案例分析 >
请比较图 4-1、图 4-2 和图 4-3 公众号的不同作用一目了然。

图 4-1   图 4-2   图 4-3

  在正式介绍如何申请、构建和维护公众号之前，需要再次重申，企业在申请微信公众号之前，一定要做好各种备战准备，绝不打无准备之战！

  不论是确定申请服务号还是订阅号，只要是面向"粉丝"和客户的公众号，都要首先赋予其灵魂！

  毛泽东曾说过：没有灵魂的军队，是没有希望的军队。那么，一个没有灵魂的品牌，同样无法深入人心，也就没有壮大的希望。企业品牌的灵魂是指企业品牌的核心价值、企业文化内涵和企业感性化的形象。

  有灵魂的微信公众号才会有吸引力，才会拥有吸引"粉丝"和客户的能量。大部分微信公众号都是以营销盈利为最终目的，但是微信公众号的销售却不同于淘宝店或微店，它从根本上来说是用情感作为桥梁，以微信公众号的品牌正能量为主要吸引力的一种平台。

  许多企业公众号发展到一定阶段，会形成一个死循环，成为企业广告展示平台，"粉丝"量不少，关注者甚微，分享互动的基本人群都是企业内部员工，并未吸引到精准客户。久而久之，就算出现创新内容也鲜有"粉丝"或客户关注，公众号运营完全陷入桎梏之中。

  因此，在微信公众号创建初期，任何形式的直接销售都会引起受众的警惕和反感。作为企业公众号，要有明确的品牌定位，在此基础上以服务好客户为目标，以服务促营销。

对于企业来讲，企业的品牌文化理念就是企业产品的灵魂。企业可以将自己的品牌理念移植到微信公众号，也可以根据微信公众号的定位来确定一个鲜明具体的主题。

1. 确定公众号的品牌定位

公众号要兼备吸引力和凝聚力，最重要的是要确定自己的品牌定位。品牌定位具有强烈的情感感染力，可以加强受众的品牌认同度和忠诚度。

公众号品牌要针对目标顾客群进行合适的市场定位，给予消费者特定的利益，传递企业品牌文化，创造更高的品牌价值。

企业可以通过微信平台建设宣扬企业品牌深层次的精神文化，要在品牌传递中给予消费者情感的寄托，让他们可以在消费产品的同时对品牌所传达的情感价值产生共鸣。

企业深层次的精神文化要与企业的营销宣传策略和产品特点相统一。企业微信营销活动始终要围绕自身品牌特点进行，做好品牌定位，找准目标顾客群，做好服务工作，让客户和"粉丝"感受到始终如一的优质服务，避免造成客户对本企业品牌认知的混乱。

< 案例分析 > "顺和健康"的公众号

图 4-1 为公众号"顺和健康"的品牌定位为推广传统中医，提供医疗服务和健康咨询。

"顺和健康"是由一家专业中医机构创建的公众号，主营中医诊所和中医药产品，其公众号的品牌定位即为该中医机构的品牌宗旨。

在公众服务号之外，该中医机构还建立了顺和讲堂群。该群建设的初衷是推广传统中医，提供健康咨询，群成员都是顺和健康的"粉丝"客户，需经管理员同意就可加入。讲课时间固定为每周三晚 8：30，课上内容语音版保存在社群空间的群聊精华，群聊精华的文字版发布在"顺和健康"的公众号上。

另外，"顺和健康"联合弘毅书院在莱芜开办精修康复中心，作为人才培养和疗养基地。举办相应线下活动，将线上线下有机结合起来。

线上、线下品牌理念一脉相承，统一以推广传统中医，提供医疗服务和健康咨询为核心，真正为"粉丝"客户搭建了一个系统的服务通道，公众号、社群、线下服务等相互配合，互为补充，使公众号更具有其价值。

微信公众号在形成自身品牌定位后要注意构建边界思维，即不能越过个性边界。边界思维具体到"顺和健康"，就是营销产品应集中在养生健康相关商品。如果"顺和健康"的商城延伸到售卖健康家居类商品，势必会过于宽泛，破坏其中医健康养生理念的受众黏合度，越过边界，这样就会起到相反的效果。

2. 认识公众号的使命

公众号的品牌定位可以与企业品牌、企业精神文化核心一脉相承，而公众号因其新媒体的特性，其使命可以围绕以下几点来展开：

（1）为"粉丝"和客户提供服务。企业公众号的首要使命是提供服务，包括信息服务和自助服务。客户可以通过企业公众号第一时间获得企业的各种优惠信息，而不是通过传统平面媒体如发传单或短信息等方式了解企业信息。客户也可以通过企业公众号来进行自助操作，更便捷地获得各种企业服务。

案例1 "肯德基"公众号功能介绍

图4-2为肯德基公众号的功能介绍为"随时随地获取 KFC 优惠券、最新产品和活动信息"。这则介绍把肯德基公众号的使命表达得通俗、明了，这里就是一个自家的信息服务平台。

喜欢肯德基的朋友，以前需要去店里自取优惠券，现在只需要关注公众号注册会员，所有优惠信息、新品尝鲜一律不会错过，公众号所带来的便捷和实用性不言而喻。

案例2 "你的 E 哥"公众号功能介绍

图4-3为公众号你的 E 哥，是一乘驾校的公众号，此公众号也是以服务学员为主，在公众号中点击菜单栏"我要学车"，就可以实现报名预约、自助约考以及得到报名方式、报名网址、班型价格等信息。最大程度地为学员提供报名及学车考试的便捷服务。

通过公众号，客户和企业的利益相关者可以直接在公众号中与企业的客服互动，服务效果会更好也更加便捷。

（2）通过公众号传播品牌正能量。企业做公众号，在做好服务的基础上还要实现宣传自己的目标。当然，宣传不是简单地通过企业荣誉、企业新闻，而是要打造企业品牌正能量，使企业的美誉通过有创新和传播意义的公众号推文传播出去，这就要在内容策划上下功夫，使"粉丝"和客户看到后有转发、分享的意愿，自愿传播企业品牌信息。

（3）通过公众号数据分析。为企业带来精准销售线索。通过公众号的后台数据分析，对订阅用户进行分类筛选，精准定位目标客户。通过线上线下活动相结合的方式，将线上"粉丝"导流至线下，使公众号流量得以转化成销量。

（4）通过公众号进行内部管理。公众号的内部管理可以通过微信企业号实现操作简单，而微信订阅号和服务号则可以起到传播企业文化，有效链接内部员工，提高团队凝聚力的作用。企业内部员工直接将公众号内容进行分享、转发等，通过这些活动员工可以更好地认知企业文化，并且深受企业正能量的感染，从而提高企业内部向心力和凝聚力。

3. 内容是灵魂的载体

＜ 案例分析 ＞

图 4-4　　　　　　　　　　图 4-5

内容为王不是只关注内容本身，而是要关注内容中传递出的思想。前面提到的品牌定位、公众号使命最终都是通过公众号内容来实现的。

随着微信的推广，微信用户人数不断增加，人们从微信获取的信息越来越多。面对海量的信息，用户很容易从中筛选、过滤掉一些不感兴趣的内容。如果企业公众号一开始就没有传达出精准有价值的信息，客户很容易因为对企业公众号失去兴趣而取消关注，既会造成客户的流失，还会失去微信营销的机会。

企业公众号的内容在初建伊始就一定要做出特色，原创为王。微信公众号的内容传播是一而十、十而百的病毒式扩散传播，随着阅读量的增加和"粉丝"群的增多，传播内容势必会越来越多地曝光在微信平台上，接受大众的审视，因此必须把内容的原创性放到首要位置。任何形式的内容造假和伪原创都会造成客户的审美疲劳，从而被市场淘汰。

案例3 "海底捞"的服务号

前面我们提到海底捞，选择的公众号类型是服务号（如图4-4），每个月发4条组合消息，主推消息基本上篇篇都是100000+的阅读量。这是因为海底捞的"粉丝"量众多，因为线下客户可以通过服务号进行预约、点餐等，大部分都可以实现线下到线上的导流。

但是，如果海底捞的服务号，每次推文都发送千篇一律的鸡汤文，只推送简单的菜单、食材选择或如何做菜等诸如此类的内容，估计庞大的"粉丝"客户群也不会买账。

对于中小微企业来说，单纯依靠一两个小编想要打造出原创、有新意的公众订阅号并不容易。很多已经形成思维定式的企业公众号，可以围绕以下几点来做内容创新的突破：

（1）内容与品牌紧密结合。中小微企业做微信公众号，与自媒体性质的公众号有所不同，自媒体公众号的内容可以天马行空，但是中小微企业的内容，一定要围绕企业自身品牌特质。

企业要杜绝为了片面追求阅读量，推送与品牌无关的内容。要将社会化内容与企业自身品牌有机地结合起来，才可以达到品牌传播的效果。

（2）内容与时事紧密结合。借助时事来策划微信公众号推文进行营销传播有两大优势：

其一，关注度高，形成转发分享优势，短时间内借助事件占领"粉丝"朋友圈；

其二，容易产生共鸣，有助于组织调动"粉丝"参与互动讨论的积极性。

（3）内容与"粉丝"紧密结合。很多关注公众号的阅读者都有这样的感受，有时候公众号推文的评论似乎比推文更有料，有时候分享一篇推文的原因是某条评论很扎心！

正因为这样，也有很多公众号喜欢从"粉丝"评论、"粉丝"互动或"粉丝"采访中发掘内容。

案例 4 "速递易"的公众号

图 4-5 为速递易的公众号，它推送了一篇题为"每天有 32718 个人在深夜 00：00 以后取快递，他们经历了什么？"的文章。

这篇推文的简介是"我们用了 2 天时间，随机拨打了 100 位在 6 月 19 日和 6 月 20 日凌晨后用速递易取快递的人的电话才发现，原来每个人的生活都是一部'深夜食堂'。"

这篇 100000+ 的推文引起很多人的共鸣，评论区很多"粉丝"留言说"扎心了"、"走心了"、"戳中泪点"等。

事实上，从"粉丝"来的内容更容易引发"粉丝"的共鸣，企业微信公众号编辑可以多从"粉丝"中挖掘一些话题来编辑推文内容，效果更甚于编辑自己每天对着公众号闭门造车。

尽管微信营销备受推崇，市场价值也很显著，但这并不意味着任何企业的微信营销都能够取得成功。企业在构建微信营销平台之前，要充分认清其中的机会与风险，再去学习并掌握微信运营和营销的技巧，让微信营销平台更好地为企业所用。

＜课后小结＞

1. 企业微信公众平台的"粉丝"

即企业微信公众平台的"订阅用户"，指的是因为某种原因对企业品牌或产品产生兴趣或喜好，进而在微信平台上关注企业微信公众平台的微信用户。客户则是一个销售概念，与企业达成交易实现销售，购买了企业产品的"粉丝"或用户才是企业的客户。企业在建立公众平台之初，需要明确一点：在企业微信公众平台中，"粉丝"最大的价值不是直接转化为客户，而是帮助企业实现分享传播的价值。

2. 做微信营销，一定要忘掉"粉丝"数量

"粉丝"数量只是一个噱头而已，企业真正需要的是"粉丝"质量。

3. 有灵魂的微信公众号才会有吸引力，才会拥有吸引"粉丝"和客户的能量

企业的品牌文化理念就是企业产品的灵魂，企业可以将自己的品牌理念移植到微信公众号，也可以根据对微信公众号的定位来确定一个鲜明具体的主题。

4. 公众号要做到具有吸引力和凝聚力

要形成自己的品牌定位，以加强受众的品牌认同度和忠诚度。公众号的品牌定位可以与企业品牌精神文化核心一脉相承，公众号的使命也需要我们运维。公众号的内容始终是其最重要的一部分，在运营公众号时要特别注意。

第 5 堂课

一段复盘：合抱之木，生于毫末

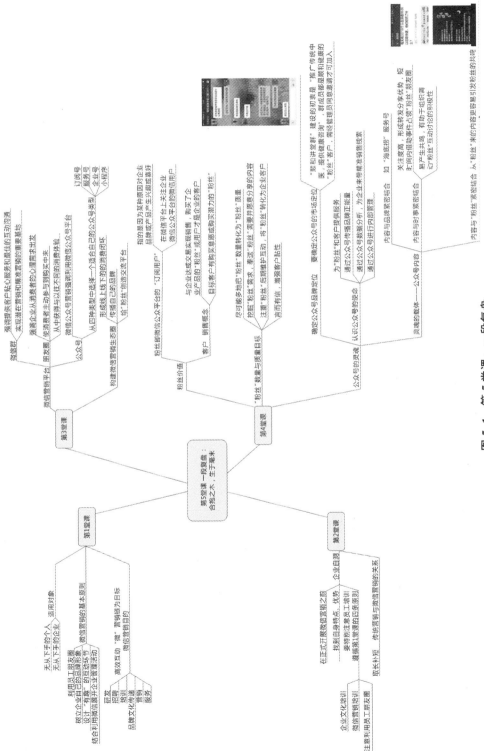

图 5-1　第 5 堂课：一段复盘

第 6 堂课

精雕细琢：打造"微信订阅号"

一、订阅号申请步骤

万事开头难，看似简单的公众号申请，对于很多刚开始接触公众号的企业来说，也并非易事。

下面先以"微管理"订阅号为例，详细介绍开通企业订阅号的申请步骤和完善技巧，让微信公众号申请和内容编辑不再成为企业进军微信营销的拦路虎。

Step1　进入微信公众平台首页 https：//mp.weixin.qq.com/，点击页面右上侧"立即注册"，如图 6-1 所示。

图 6-1

Step2　在新进入页面中点击"订阅号"，进入注册页面，如图 6-2 所示。

图 6-2

Step3 准备一个没有在微信公众平台注册过的邮箱，按照页面提示填写注册信息。

1. 基本信息填写（如图 6-3 所示）

图 6-3

2. 邮箱激活

3. 选择类型（如图 6-4 所示）

图 6-4

4. 信息登记

包括主体信息登记和运营者信息登记。在这一环节中，用户需要选择运营主体的类型，从政府、企业、媒体、其他组织和个人中进行选择。值得注意的是，用户可以根据自身具体属性选择相应的主体类型，一旦选择成功后，便不可进行更改，如图 6-5 所示。

图 6-5

图 6-6

运营者信息登记

运营者身份
证姓名

请填写姓名

请填写该公众账号运营者的姓名,如果名字包含分隔
号"·",请勿省略。

运营者身份
证号码

请输入运营者的身份证号码,一个身份证号码只能注册5个
公众账号。

运营者手机
号码   获取验证码

请输入正确的手机号码

请输入您的手机号码,一个手机号码只能注册5个公众账
号。

短信验证码   无法接收验证码?

请输入手机短信收到的6位验证码

图 6-6　（续图）

在信息登记页面,企业可以直接选择企业,其他组织可以选择其他相应类型。企业注册需要准备营业执照、开户许可证和运营者的身份证,需填写证件号码,如图 6-5、图 6-6 所示。

5. 公众号信息填写

如图 6-7 所示,这一环节需要选定一个账户名称,所选定名称通过验证后就不能修改。企业用户每年认证一次,需要缴纳 300 元/年的第三方认证费用。每次认证时可以申请改名,改名成功后如果还需要改名就要等到下一年认证的时候再做修改。

因此,在公众号注册之前,最好先选定一个账户名称。微信公众号的名字与个人、公司的名字一样重要。好的公众号名称会有助于公众号的推广,如果名字不好,则可能制约企业后期的推广与维护。

企业用户一般推荐用企业简称,订阅号也可取一个媒体属性比较强的名称,便于记忆和传播。

图 6-7

Step4　以上五个环节的注册信息填写完毕之后，点击"完成"，会弹出如图 6-8 所示的提示。

点击"前往获取打款信息"进行账号验证，此验证是注册验证，与微信公众号认证无关，验证需要使用企业账户向指定账户汇入指定额的小额款项（数额一般在 1 元以内），完成验证后退回原账户。

图 6-8

Step5　完成以上注册程序后，可进入微信公众订阅号管理后台。

完成以上五个步骤后，就拥有了一个企业订阅号，等待腾讯公司审核通过后，即可以进行微信订阅号管理了。

二、为何选择订阅号

许多企业反馈，最初申请企业公众号时，对微信订阅号和服务号的了解不够，不知道究竟是该选择订阅号还是服务号。

在微信生态链中，我们介绍过订阅号和服务号的区别，具体来讲，有以下需求可以选择订阅号：

1. 树立客户心中的企业品牌形象

相较于服务号，许多企业和商家更青睐订阅号，因为它可以每天向"粉丝"推送群发信息，这大大增强了企业和商家的营销能力。

但需要特别注意的是，企业一定要有强大的订阅号运营能力。

如果企业有大量信息内容可以每天推送，譬如品牌故事、公司文化、有价值的客户案例、相关产品理念等，就可以通过创新的文案编辑，每天择取相关信息文案通过订阅号平台发送，传递给客户和"粉丝"，慢慢培养客户对企业的认知，加深企业品牌与用户的情感联系，帮助企业和商家快速树立起品牌形象和口碑。

2. 企业产品辅助销售

企业产品可以利用订阅号来辅助销售。通过每天在订阅号上推送企业产品的软文广告、产品科普信息、产品效果分析、成功的客户案例以及真人秀等方式，使"粉丝"客户更全面地了解企业的产品。再通过各种线上线下相结合的互动活动、促销活动和体验活动等方式来提高产品的最终成交量。

案例1　"吴氏嘉美"的订阅号

如图6-9、图6-10所示是昆明吴氏嘉美美容医院的公众订阅号页面。昆明吴氏嘉美是云南本土第一家美容整形医院，拥有36年美容整形历史，也是云南省唯一获得"云南省著名商标"荣誉的美容整形机构。

早在2013年初，微信公众号还处在小荷才露尖尖角时，吴氏嘉美就抓住机遇，创立了自己的微信订阅号，并且坚持每天推送信息给客户和"粉丝"。

图 6-9

图 6-10

此订阅号发展到今天，形成每天发送推文 3~6 条的规律，仅从图 6-9 所示的页面中，可以看到内容涵盖了产品广告（V 脸套餐、种眉毛）、线下活动（排队体验）、真人秀案例。单从推送标题来看，对有美容整容愿望或想对美容整容有所了解的"粉丝"来说，非常有冲击力。

在每天推送此类信息的同时，吴氏嘉美还会定期举办一些促销和体验活动，引导"粉丝"参与体验。譬如图 6-10 所示"美肤只要 1 元起"、"100 个粉碎性低价项目任性抢"，正是此类线上线下相结合的活动增加了"粉丝"的参与度与关注度。

除了促销活动和体验活动之外，吴氏嘉美还定期举办砸金蛋活动、积分兑礼活动、红包墙活动，以及一些公益性活动，通过订阅号与互动活动相结合，大大提升了客户成交量。

3. 开展互动服务，增强客户黏性

许多客户在成交一次或两次后，有可能不再进行下次消费，变为睡眠客户，想把一个客户变成企业的忠实"粉丝"客户，并不是一件容易的事。要实现这个目标，需要做大量的互动服务工作。

一般企业主要以电话回访的形式进行老客户跟踪服务，无法与客户实现广泛

的互动，但订阅号就可以轻松地帮企业解决这个难题。

通过引导客户关注企业订阅号。企业可以通过订阅号每天向客户推送信息，并策划一些加深客户情感的活动，从而增强客户黏性。

在前面提到的吴氏嘉美的案例中，吴氏嘉美通过在公众号中植入一些互动小游戏，例如简单好玩的消消乐游戏，参与者只需要填写简单个人信息就可以参与游戏，最终企业会根据游戏排名赠送礼物。礼物的选择也颇具营销意义，通过赠送一些美容体验项目，譬如美肤洁牙等，以此互动形式来开展客户服务和信息收集，利于后期新客户开发和精准销售，同时也增强了老客户的黏性。

对于非媒体企业来说，每天推送信息，而且要常变常新并不是一件容易的事。如果选择了订阅号，就要做好公众号定位和内容规划，持之以恒地推送内容，增强客户黏性。

三、公众号后台管理

微信订阅号开通之后，企业就可以进行公众号后台管理了。但是，要想熟练地进行操作，达到更好的营销效果，需要先对微信公众平台后台的各项功能有所了解，掌握各项功能的使用技巧。只有熟悉了这些功能，企业才能更好地利用公众号，将微信公众平台的作用最大化。

注意： 这里所讲的公众号是指订阅号和服务号，因为两者的后台管理和推文方式都非常相似，本书会在后面的几堂课里一起讲后台管理和推广方法以及推文技巧，两者细节方面的不同会单独列出。本节集中讲"公众号后台管理"，对服务号也适用。下节在讲完服务号构建之后，再集中讲"公众号推广方法"和"公众号推文技巧"，这些方法技巧对订阅号同样也适用。

下面先来熟悉微信公众号后台管理页面：

1. 欢迎页面

如图 6-11 所示，打开微信公众平台的登录页面，输入账号和密码登录，就可以进入微信公众平台的后台，看到一个欢迎界面。在这个界面呈现的是功能模块和各种新信息、新数据、新通知，堪称一个大数据的集散地。

（1）页面右上角显示该公众号的账户名称"CY 微管理"头像，属于"服务号"，如果是订阅号就显示为蓝色"订阅号"，经过认证的公众号显示黄色"已

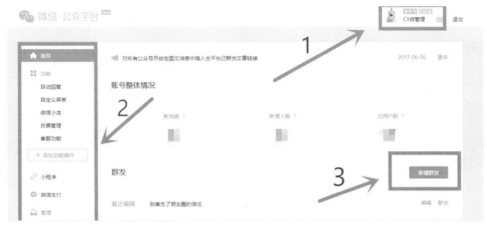

图 6-11

认证"。

点击右上角的信封标志可以查看系统公告。系统公告是微信公众平台为企业推送的关于微信公众号的所有新消息、通知、公告、注意事项等内容，微信公众号的所有新动态都会出现在这个板块中。微信公众平台运营者可以点击查看微信公众号的最新动态和变化，即时掌握微信公众号平台的新功能、新特点，在具体的运营中不断应用微信公众号后台所提供的新功能。

（2）页面左边竖排显示的是微信公众号后台的功能模块，点击每个模块都可进入新页面进行各种功能操作。

页面中间"新消息"、"新增人数"以及"总用户数"清楚地显示出公众账号整体情况，主要是客户"粉丝"情况，后台运营者可以精准地了解"粉丝"数量，新消息数量，点击"粉丝"头像后可以查看客户"粉丝"的信息介绍，也可以给发来新消息的客户"粉丝"回复信息，进行单独互动。

（3）首页中的"新建群发"是一个非常重要的对外窗口，公众号对外推送的信息就是在这里编辑，点击右边的"新建图文消息"，即可进入图文编辑页面，可以进行文字、插图、音乐、音频、视频等编辑工作。关于推文的编辑注意事项和技巧后面会讲到。

2."功能"模块

如图 6-12 所示，"功能"模块主要包括"自动回复"、"自定义菜单"，另外有一个颜色略浅的"+添加功能插件"，可以添加新的功能模块，新添加的功能模块也会出现在左侧"功能"模块列表中，如案例公众号中的"微信小店"、"投票管理"和"微信支付",企业或商户可根据自身公众号选择添加相应的功能。

图 6-12

3."管理"模块

如图 6-13 所示,"管理"模块主要包括"消息管理"、"用户管理"和"素材管理"。

图 6-13

点击"消息管理"选项,即可进入实时消息管理页面。微信公众号后台管理者可以在这个页面查看客户或"粉丝"发来的消息,并进行回复。消息是按照时间顺序排列的,微信公众号后台管理者不但能够看到消息内容,还可以查看发送消息者的一些相关信息。普通消息只能保存 5 天，多媒体消息 3 天后将无法查看。因此，微信公众号后台管理者要养成每天查看回复消息的习惯。

对于比较重要的消息，可以通过点击右边的五角星进行收藏保存，后期需要查看的时候就可以直接点击"星标消息"来查看。

点击"用户管理"，可以看到该公众平台的订阅用户，系统按照订阅用户关注微信公众平台的时间将订阅用户进行排序。微信公众号后台管理者可以在此对订阅用户进行管理。

在此页面上，微信公众号管理者只需要将鼠标移动到用户的头像上，就能查看该用户的相关信息，诸如名字、备注名、所在地区、签名及分组等。

公众号后台管理者可以对用户进行分组、收藏或者拉黑等操作，还可以对用户打标签，添加不同的分组，例如可以分为老客户、新客户、目标客户等，这样可以便捷地找到相关用户。

在"用户管理"页面点击用户名字，可以打开一个单独的对话框与该客户或"粉丝"进行一对一互动沟通，方便与用户直接沟通或为其提供服务。但值得一提的是，如果用户没有主动给公众号发消息，或发消息后公众号后台管理者超出 48 小时未回复，就不能再直接发消息。

点击"素材管理"，进入素材管理页面，就像进入了一个素材储藏室，可以看到在公众号后台管理页面编辑过的所有素材，包括"图文消息"、"图片"、"语音"、"视频"，平台管理者可以对这些素材进行编辑、删除或新上传等操作。

4. 推送消息

推送消息是微信公众平台管理的关键一环，推送的消息将会与客户直接会面，进行互动，让用户从中感受企业文化，了解企业产品等，还可以帮助企业品牌获得更多"粉丝"，并将这些普通客户转化为目标客户或成交客户，让客户主动宣传企业品牌。

因此，在推送消息之前需要非常精心地做好编辑和各种准备工作。

推送消息准备工作

首先要做好推送消息的准备工作，订阅号每天可以推送 1 条消息，服务号每月可以推送 4 条消息，每条消息都可以组合成多条信息。

企业可以将每天推送的消息做一个安排表，可以针对新老客户有针对性地推送不同的信息，定制个性化产品，一旦这种人性化的贴心服务受到客户的喜爱，客户就会主动地进行转发，继而帮助企业快速地树立起好的口碑。

新建图文消息

Step1 微信公众平台用户想要群发信息，可以进入公众号后台管理页面的首页，点击绿色的"新建群发"按钮，进入一个群发功能页面，如图6-14所示。

图 6-14

Step2 在进入的新页面中，可以选择"从素材库中选择"或"新建图文消息"来进行群发消息的设置。如果要从之前编辑好的素材库中选择群发信息，可点击"从素材库中选择"；如果需要新建图文，点击"新建图文消息"按钮，然后可以选择"自建图文"或"分享图文"，如图6-15所示。

图 6-15

Step3　点击"自建图文"，进入图文编辑页面。

公众号图文编辑首先需要给图文消息取一个标题，然后再输入作者，之后就可以编辑正文内容了，如图 6-16 所示。

图 6-16

正文编辑完成后，还需要在下方的发布样式中上传一个图片的封面，然后输入一段简单的摘要。需要注意的是，摘要的字数要保持在 120 字以内，如果不填写这项内容，系统会默认提取正文前 54 个字作为摘要，如图 6-17 所示。

图 6-17

该页面右侧功能键可以实现插入"图片"、"视频"、"音频"、"投票"和"小程序"功能操作，如图 6–18 所示。

图 6–18

编辑完成后，点击"预览"按钮查看图文信息效果，并在预览中检查，再查图文内容中的错别字或其他纰漏，确定没有问题后，选择"保存"，将编辑好的内容保存到素材库，然后在合适时间进行发送。也可以点击"保存并群发"按钮直接进行群发。

新建多条图文消息的步骤，与新建单条图文消息的操作步骤基本一致，主要的区别在进入图文编辑页面后，点击页面左侧"+"方块，进行添加，然后按照编辑单条图文消息的步骤编辑好消息内容，用相同步骤再进行下一条组合图文消息的添加，最多可以添加 8 条消息。

推文编辑可以根据素材选择合适的消息组合，发送多条图文消息。在多条图文消息中，选择重点推广的图文消息作为主题封面，在多条图文消息的最上面以大图片的形式展现。多条图文消息群发后，"粉丝"接收到的是一个综合性的群发消息，如图 6–19、图 6–20 所示。

图 6-19　　　　　　　　　　　　　图 6-20

四、公众号后台管理小技巧

微信公众平台想要获得客户和"粉丝"的认可，不但内容要注重，还要重视用户体验，公众号后台管理者要学会利用微信公众平台的功能设置，使得微信公众号的用户感觉更加便捷和人性化。

对"粉丝"而言，能不能在第一时间获得回复，能不能快速查阅相关信息，都会影响他们对微信公众平台的认同度。所以，微信公众平台后台管理者需要对公众号后台进行有效的编辑和设置。

1. 自定义回复语设置

微信公众平台虽然可以绑定手机随时接收消息，但是公众号后台管理者不可能 24 小时不间断查看手机。诸如在吃饭、开会、开车或休息时，微信公众号后台管理者就不能通过微信公众平台立即回复"粉丝"，这样会使"粉丝"的体验感下降。

因此，需要在微信公众平台后台进行一些编辑设置，让微信公众平台具备自动回复功能，使互动的"粉丝"或客户在第一时间得到回复。

进入微信公众平台后台管理页面,点击左侧功能项"自动回复",进入新页面后,可以看到"被添加自动回复"、"消息自动回复"以及"关键词自动回复",管理者应分别进行编辑设置,如图6-21所示。

图6-21

被添加自动回复是指"粉丝"在关注微信公众平台之后,平台即时回复给"粉丝"的消息。

这是"粉丝"在关注公众号后第一时间内,系统自动回复给"粉丝"的消息,新关注的"粉丝"一定对公众号带有强烈的好奇心,所以一定要把握好这个设计入口,抓住"粉丝"的好奇心,细细推敲被添加自动回复的内容。

一般来说,编辑被关注自动回复语时,要以平等亲切的口吻致以欢迎词,感谢关注。对于一般企业公众号,可以用最精练的语言传递出本公众号的定位,方便新"粉丝"更好地了解该公众号。而对于大众比较熟悉的企业品牌公众号,则可以更加深入地推介企业的品牌文化,吸引"粉丝"和客户深入地了解品牌的最新信息。

案例2 "奥迪"公众号的自动回复语

奥迪的公众号被添加自动回复语是"这里是一汽-大众奥迪官方微信,欢迎加入奥迪车迷队伍一起探索奥迪顶尖科技!(如图6-22所示)。

在微信号主页打开置顶功能,即可置顶奥迪官方微信,所有奥迪最新资讯尽可一手掌握,更多驾乘机会不容错过,更有多重"粉丝"好礼等你来取!

图 6-22

这是最好的时代，也是最放"肆"的时代！全新一代奥迪 A4L 焕然登陆！触碰未来科技美学，探索未知领域奥秘，点燃全新驾乘体验，跟 TA 来！点此通道，即刻穿越时空，感知 TA 的极致魅惑：

http：//audia4l.infogrworks.com/index.php?s=1&from=timeline&isappinstalled=0"

在这条自动回复语中，企业既向订阅用户致以欢迎，又提示用户"置顶"公众号，同时又最大程度地传递新产品奥迪 A4L 的信息，用活泼生动的广告语做引导，再切入链接，引导订阅用户进入链接进一步了解新产品。

由于"粉丝"或客户在添加公众号时是关注兴趣最浓厚的时候，对信息的接受度比较高，因此，企业公众号在被添加回复语中，尽可能传递比较多且精准的品牌信息，容易给用户留下较深的印象。

消息自动回复是指"粉丝"或客户在公众号对话框输入发送消息后，公众号后台管理者可以在公众号后台的"消息管理"中看到，可以为其设置"消息自动回复"，如图 6-23 所示。

消息自动回复功能相当于 24 小时值班机器人，只要"粉丝"在微信公众号对话框发消息，就会弹出自动回复的消息，这个功能与 QQ 自动回复很相似，QQ

图 6-23

常见的自动回复内容是"你好，我现在有事不在，一会再联系您"。不同的是微信公众号后台管理中，自动回复的内容可以自己设置，不过系统限定一小时只自动回复一到两条内容，这个功能比较适合晚上无人值班时来使用。

编辑消息自动回复时要注意用亲切自然的对话语气，引导发消息的用户耐心等待。

案例 3 "浦发银行"公众号的自动回复语

图 6-24 浦发银行的消息自动回复语是"您好，我是浦小发，有什么业务问题就尽管向我提问吧！"、"HI，浦小发很高兴为您服务！"

回复语巧妙地将自己拟人化为"浦小发"，一位很亲切的店小二的形象跃然眼前，亲和力非常强，很快拉近了与客户的距离，可以引导客户更耐心地沟通和互动。

回复内容不限于文字，也可以是图片、视频、语音、历史精华推文链接、互动游戏等，公众号后台管理者可以根据自身资源进行设置，来激发"粉丝"的互动热情。

图 6-24

案例 4　"罗辑思维"公众号的自动回复语

图 6-25 罗辑思维的消息自动回复设置为一张"罗胖"本人的照片，照片中的"罗胖"表现出很夸张的惊讶神情，比较形象生动，会让"粉丝"感到亲切和放松，比较适合以典型人物为企业代言的企业公众号。

图 6-25

消息自动回复也可以利用关键词回复设置来引导用户在等待期间自助查看更多的公众号内容。回复设置语不要一成不变，可以随时进行灵活设置，譬如公众号在举办一场线下活动时，就可以编辑自动回复告诉对方如何参与活动、活动准备和活动内容等，以吸引大家参与活动。

当然，在自定义回复之外，有能力的公众号最好设置在线客服，能够第一时间给"粉丝"或客户以反馈。如果暂时不能设置在线客服，也应该在看到后台消息后，第一时间做出真诚回应，解决用户的问题，提高用户体验。

2. 关键词回复设置

关键词回复具有较好的提醒和链接功能，回复的信息更为丰富，可以给客户更多的指引和反馈，如图 6-26 所示。

图 6-26

关键字回复可以将之前积累的优质素材更快地传递给新用户，避免优质内容的沉淀，也可以让用户更便捷地找到所需要的内容，增加互动性。

因此，建立丰富易查的关键词回复系统非常必要。

目前微信的每个规则预设 10 个关键字，配备 5 条推送内容（随机推送），而规则只能设置 60 个，也就是说关键词可以设置的数目最多是 600 个，内容为300 条，尽管这远远不能满足海量用户的个性化需求，但是如果设置得好，也能产生非常好的效果。

关键词是多样变化的，关键词应该设置用户感兴趣的内容，根据内容引导用户到相应的页面，以便用户可以很快地获得公众号的更多精华内容，甚至可以成为玩游戏、互动竞猜的一种有效互动方式。

关键词回复可以编辑在"被添加自动回复"中，也可以编辑在"消息自动回复"中。

案例5 "遇见浦发"的回复菜单目录

图 6-27"浦发银行"的添加自动回复语是"浦发微信银行欢迎您！我将随时为您提供各类贴心服务。想了解更鲜活的我，还可关注官方订阅号'遇见浦发'（iSPDB）。您可回复菜单序号，获取相应的服务：

【1】我的账户

【2】直销银行

【3】信用卡服务

【4】微理财

【5】微生活

【6】浦银点贷

【7】融资易贷款

【8】资金归集

【9】微信通知

【10】微信签约和管理

【11】手机银行客户端

【12】我要开户/办卡

您还可直接发送'活期'、'理财'等关键字向我提问。"

图6-27

浦发银行的这条被关注自动回复语设置了大量的关键词，用户可以回复序号，也可以回复提示的关键词进行各种咨询，最大程度地为用户提供便捷的服务。

案例6　"遇见浦发"设置的回复语

图6-28，浦发银行订阅号"遇见浦发"设置的回复语是："你好！我是浦发银行，很高兴遇见你。我会讲很多浦发银行的故事给你听，过去的、现在的、员工的、客户的、严肃的、温暖的……偶尔也发一点重要信息和广告。希望你能看到更完整、更鲜活的浦发银行。对了，我还为你准备了一点小惊喜，回复'外滩'给我试试看。记得常来看我哈！"

这则回复语很俏皮，显示出了一个严肃认真的银行机构生动活泼的一面，有助于拓展银行在客户心目中的形象。公众号设置了关键词"外滩"，回复"外滩"后用户收到的是一张上海外滩江景照，标注为："这是我们第340天从上海外滩12号（浦发银行总行大楼）拍摄的江景照。'关山难越，无碍

图6-28

共此时分'，是我们每个工作日都做这件事的意义，晴阴雨雪，穿越四季……340次快门闪动后，我们更加相信，日复一日看似无聊的坚持，真的能积淀下一些美好。如果你有更好的建议，欢迎私聊。谢谢！

——遇见浦发"

这张摄自上海外滩12号的江景照，右下角注明了时间和当天天气。这样的消息回复方式让人耳目一新，每天和"遇见浦发"遇见一次，说说话，就能收到一张来自上海外滩12号的江景照，也是一个乐趣。

企业公众号可以根据自身特质来设置各种各样的回复语，对于在大众印象中比较刻板严谨的企业，不妨试着学习一下浦发银行，在公众号中换一种完全不同的俏皮风格，会给客户带来不一样的新鲜感受，吸引用户的注意力。

你的美好不止一面，企业公众号也是企业最大程度展示和突破自己的平台，企业可以根据自身公众号定位在后台管理设置中和推文中做一些创新性的个性展示，可以得到更好的反馈！

当然，企业通过公众号塑造的形象一定要有利于企业品牌正能量的传播，如果太强调个性或张扬，而丢掉了自身的特质，也会得不偿失。因此，一定要把握好展示个性的度，做好公众号的定位，并围绕公众号定位做相应的管理。

3. 自定义菜单编辑

如图6-29所示，在微信公众平台后台管理页面左侧"功能"板块里有一个"自定义菜单"选项，可以通过编辑设置，将微信公众平台变身为一个微网站，客户或"粉丝"在浏览公众号页面时可以点击页面下端的菜单和子菜单，更快捷地找到自己感兴趣的内容，从而大大提升微信公众平台的用户体验。

微信公众平台后台管理者点击"功能"板块中的"自定义功能"选项，进入"自定义菜单"编辑页面。

在微信公众平台"自定义菜单"编辑页面点击"添加菜单"，就会弹出"添加一级菜单"页面，填入菜单名称后，可以根据菜单显示的内容在"发送消息"、"跳转网页"、"跳转小程序"中的任意选择一项。管理者可以直接发送信息，跳转到相应页面，或跳转到相应小程序。每个账号的自定义菜单可以添加3个一级菜单，输入一级菜单内容之后，点击"保存并发布"按钮，一级菜单的添加就完成了。

设定好一级菜单的名称之后，微信公众平台后台管理者还可以在这个菜单下

图 6-29

添加二级菜单，点击一级菜单名，上方会出现"+"，点击"+"，继续添加二级菜单。

　　二级菜单和一级菜单的编辑方法相同，微信公众平台管理者可以根据自身品牌营销的需求和特色进行灵活设置，但是要注意在一级菜单下添加二级菜单时，该一级菜单所编辑的内容会被清除，二级菜单是一级菜单的下拉菜单，内容应该被一级菜单所涵盖，每个一级菜单下面最多可以添加 5 个二级菜单，如图 6-30所示。

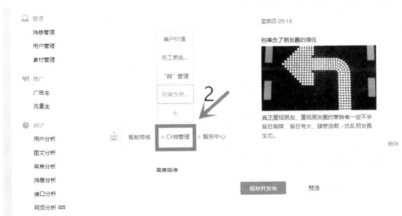

图 6-30

案例7 "招商银行"服务号的自定义菜单

图 6-31 是服务号"招商银行"的自定义菜单，一级菜单显示为"我"、"发现"以及"无卡取款"。一级菜单"我"的下拉二级菜单添加了 5 个："免费通知提醒"、"一卡通余额查询"、"信用卡账单查询"、"我要办卡/贷款"、"我要购汇/结汇"，充分体现了服务号的服务功能。通过服务号的自定义菜单就可以实现便捷的微信银行查询办理业务。

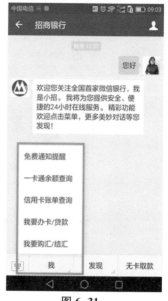

图 6-31

案例8 "当代教育家"订阅号的自定义菜单

图 6-32 是订阅号"当代教育家"的自定义一级菜单，分为"订阅杂志"、"新经典"以及"会客厅"，其中"会客厅"具有对外联络的菜单功能，添加了 4 个下拉二级菜单是"QQ 会客厅"、"我要投稿"、"认识我们"以及"申请转载"。在一级菜单"订阅杂志"中，下拉菜单划分为"杂志纵览"和"微店订阅"，可以通过"杂志纵览"来浏览《当代教育家》杂志，也可以通过"微店订阅"来订阅该杂志，通过微店打通了阅读和消费闭环。

图 6-32

第 7 堂课

尽心尽责：吹响微信"服务号"

< 课前提问 >

1. 什么样的企业适合用服务号呢？和订阅号相比它的特色是什么？

2. 服务号如何申请？

3. 什么样的推广方式才能更快地吸"粉"？

< 本课重点 >

　　本堂课主要介绍了微信公众号的服务号，与上堂课介绍的微信订阅号相比，服务号更加注重服务二字。本堂课中另一个重点是微信公众号的推广，虽然要杜绝盲目吸"粉"，但是订阅用户过少也无法发挥微信的营销功能。因此，提供行之有效的推广方式也是本堂课的重点之一。

一、为何选择服务号

服务号的定位以服务功能为主，核心是为客户提供服务。此类型的公众号适合于为用户提供各类服务的组织，比如政府、银行、饭店等。例如美团、滴滴出行、海底捞等企业大号都选用了服务号。

在微信生态链中，我们介绍过服务号和订阅号的区别，需要再次提示的是：

（1）服务号每月只能群发4条消息，相比订阅号每天群发一条消息而言，给客户提供的信息量要少得多。

（2）服务号群发新消息出现于用户的聊天列表中，更易于用户收到提示从而进行阅读，而订阅号的消息是出现于订阅号文件夹中，如果用户不打开文件夹就不会看到，相对来说可视性较弱，点击阅读量会受到一定影响。

（3）服务号认证后可以开通微信小店，而订阅号不能开通微信小店，如果开店，只能通过第三方平台。

（4）服务号认证后还可以支持高级接口，可获取和分析用户消息等，而订阅号没有开通此项功能。

因此，服务号的主要作用和价值落脚于客户服务，为用户提供更好的服务体验，通过贴心互动式服务，和用户进行情感沟通，增强用户黏性。

案例1 "海底捞"服务号的自定义菜单

海底捞的服务号"海底捞火锅"充分显示出服务型企业运用服务号开展服务的功能，如图7-1所示。该服务号的三个一级菜单为"就餐"、"我的"以及"更多"。其中"就餐"下拉二级菜单为"排号"、"订餐"、"外卖"、"门店"以及"客服"，将服务搬到了微信服务号上，客户不用再打电话订餐、叫外卖或排号，通过微信就可以实现便捷服务功能。在一级菜单"我的"下拉菜单中可以查看"我的订单"、"我的积分"以及"个人中心"，进行

图 7-1

"积分抽奖"，更加便捷和轻松地实现了掌上管理，在为客户提供便捷服务的同时，也为企业节省了服务开支。

案例 2　"中信嘉丽泽"服务号的自定义菜单

"中信嘉丽泽"是中信旗下一家旅游文化企业打造的一个湿地度假村的服务号，如图 7-2 所示。该服务号有三个一级主菜单："旅游度假"、"社群生活"以及"更多乐趣"。单从菜单名称来看，服务互动性质就比较强，推文标题也更侧重于情感交流，"一个爱上嘉丽泽的理由"、"让心灵去远行"以及"春季品茗会"结合"99 元起"的度假活动，服务号的性质一览无余。

图 7-2

点击每个主菜单又可进入二级子菜单，子菜单中提供了更详细的游玩指南，例如"旅游度假"主菜单下的子菜单包括"美丽嘉园"、"嘉丽泽一天"、"全景看房"、"一键导航"、"一键拨号"；"社群生活"主菜单下的子菜单包括"生活指南"、"马术俱乐部"、"垂钓俱乐部"、"高尔夫俱乐部"、"健康中心"。全方位地展现出该旅游湿地度假村的服务基础设施，联系推文的企业文化情感传递，与线下活动相结合，使得服务号可以更好地为用户服务。

企业在建立微信公众平台时，可以选择订阅号或服务号中的一个，也可以两者兼选，有机结合，互通有无，配合使用，不同账户定位、不同用户或侧重于不同功能，可以根据企业的具体需要做出有针对性的定位。

值得注意的是，许多企业在申请微信公众号之外，还申请了不少相关的微信号，建立起微信群，以集群作战的形式开展微信营销。

综观微信公众号的发展历程，有些企业虽然公众号数量多，但由于运营力度不够，造成众多相关账户分工不明确、针对性不强、特色内容缺乏等问题，因此产生的营销效果并不显著。

这就是为什么，企业在申请微信公众号时，一定要根据自身的微信公众平台运营水平来选择申请公众号，因为微信平台的运营需要结合人力、资金、客户

"粉丝"群等具体情况来进行部署。

　　微信公众号并不是简单地推送营销信息，微信公众号提供开发模式接口，可以针对企业自身需要，建立起独具特色的订阅号或服务号。只有坚持深度开发，发挥工匠精神，持续地精雕细琢，才能真正运营好微信公众号。

　　另外，企业微信公众号要以提供服务为主，营销为辅，将企业公众号的"粉丝"导入到微社区或微信客户群，开展精准服务，并与线下服务活动相结合，更好地为客户提供便捷的服务。

二、服务号申请步骤

　　微信公众平台服务号的前期准备和申请方式与订阅号的前期准备工作和申请方式大致相同，但还是有细微差别，重复的部分我们予以简单介绍，具体细节可参考前面订阅号申请步骤。

　　Step1　进入微信公众平台首页 https：//mp.weixin.qq.com/，点击页面右上侧"立即注册"，如图 7-3 所示。

图 7-3

　　Step2　在新进入页面中点击"服务号"，进入注册页面，如图 7-4 所示。

图 7-4

Step3　准备一个没有在微信公众平台注册过的邮箱，按照页面提示填写注册信息。具体步骤请参考前一部分"订阅号构建"中的 Step3，两者与第三个环节不同，前者选择"订阅号"，此处选择"服务号"，如图 7-5 所示。

1. 基本信息填写

2. 邮箱激活

3. 选择类型

图 7-5

4. 信息登记

包括主体信息登记和运营者信息登记。具体细节请参考前一部分"订阅号构建"中的 Step3。

5. 公众号信息填写

此环节同样需要选定一个账户名称，企业服务号一般都推荐用企业简称，更利于与客户的沟通和维护。

Step4　完成以上 5 个环节的注册信息填写后，点击"完成"，会弹出如图 7-6 所示页面的提示。

点击"前往获取打款信息"进行账号验证，此验证是注册验证，与微信公众号认证无关，验证需要用企业账户向指定账户汇入指定小额款项（数额一般在 1 元以内），验证完成后退回原账户。

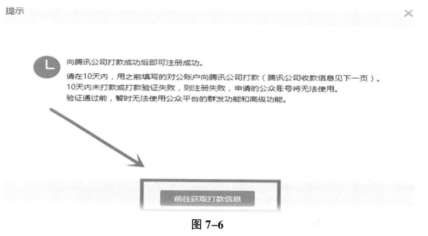

图 7-6

Step5　完成以上注册程序后，可进入微信公众服务号管理后台，如图 7-7 所示。

图 7-7

完成上述五个步骤后，企业就拥有了一个自己的服务号，等待腾讯公司审核通过后，就可进行微信服务号管理了。

三、如何推广公众号

不论是订阅号还是服务号，在建立好公众号以后，首要的一个环节就是推广，通俗讲就是"吸粉"。企业运营公众号最重要的环节是吸引客户、服务客户和开展营销活动。没有订阅用户，微信推送的信息无人阅读，服务和营销信息就无法送达，也无法产生信息沟通和情感互动，自然无法达到理想的微信运营的效果。

前面提到过，企业一定不能盲目"吸粉"。一般企业的"粉丝"都是通过公众号推荐分享或扫描二维码的方式成为公众号"粉丝"的。需要注意的是，要慎用漫天扫二维码式的公众账号推广手段，例如传统的现场扫码送礼品，这种关注方式可以为企业带来大量的潜在客户，但主动权却掌握在客户手中，很容易出现用户关注领奖品后即取消关注的现象，而且用户取消关注后再次吸引其重新关注此微信公众号就较难了。

微信公众平台最大的营销优势是企业可以开展精准营销，所以吸引企业精准用户或潜在精准用户的关注就显得尤为关键。

因此，企业公众号推广应该定位明确，通过以下几种途径向目标客户进行推广：

1. 导入现有客户资源

企业建立微信公众平台后，首先，要对通信录进行整理，邀请将现有的上下游供应商、代理商、客户的关注企业订阅号或服务号。可以适当通过赠送礼物、积分或优惠券等方式来吸引客户关注。

其次，将之前在官网积淀的客户和目标客户转化为企业公众号"粉丝"客户。主动访问企业网站的用户一般都是企业的潜在客户，但是，与微信可以给潜在客户发送持续不断的新鲜信息和保持长久互动不同，网站所展示的信息量有限，而且只能是被动访问，不能主动给客户发消息。因此将访问企业网站的潜在客户转化为企业微信平台用户至关重要，可以达到事半功倍的效果。企业可以通过官方网站推广企业微信公众平台，在首页鲜明位置贴出微信公众账号二维码，同样可以通过赠送积分、优惠券以及其他优惠活动来吸引潜在客户关注企业微信平台。

再次，将企业微博"粉丝"吸引并转化为微信平台订阅用户。相对而言，企业微信的"粉丝"关系链比企业微博更为强劲，可以通过以下几种方式来吸引微博用户：

（1）直接邀请微博"粉丝"关注企业公众订阅号或服务号；

（2）将微信公众号二维码作为企业每条微博的结束图片，吸引潜在客户主动关注；

（3）主动关注可以成为潜在客户的"粉丝"，通过和"粉丝""互粉"，使互动沟通纽带更趋紧密，较容易吸引微博"粉丝"关注企业的微信公众号。

最后，还可以吸引直接访问企业的客户，客户连接企业公用Wi-Fi必须先关注公众号，进入二级接口连接信号。一般直接访问企业的客户都是跟企业联系紧密的客户或潜在客户，通过这种方式进行关注的"粉丝"一般都不会取消关注。

2. 活动推广

企业举办的各种活动都是企业产品和信息推广的绝佳机会，当然也是企业公众号推广的最好时机，可以通过在各种平面喷绘印刷公众号二维码的方式，吸引参与活动者扫描二维码，进而关注企业公众号。

3. 软文推广

在内容为王的时代，软文推广是最易得到"铁粉"的途径之一。用软文推广时，在软文结尾添加企业公众号二维码图片，吸引阅读者扫描添加，或通过软文转发分享推荐等形式获取更多"粉丝"的关注。但是仅仅通过一篇软文，让阅读者产生想要关注微信公众号的冲动并非易事。下一节我们会讲到"公众号推文技巧"，主要涉及软文的写作推广技巧。

4. 个人推荐

千万别小看了这一环节。微信营销是基于熟人圈子相互信任的基础上促成的生意，个人推荐也容易获得"铁粉"。

（1）企业上下同心，全员出击。之前我们讲过员工朋友圈效应，在微信里，每个员工都可能成为企业的营销人员，员工可以通过微信朋友圈转发分享企业公众号内容，也可以一对一发送公众账号二维码，邀请微信中已有客户或潜在客户关注企业公众账号，还可以在微信群中分享企业公众号信息来吸引潜在客户关注公众号。

（2）巧用朋友圈有话语权的核心话题人物。在朋友圈有一种现象，有的人很容易吸引大家的注意力，发表的话题也会得到更多的点赞、评论和转发分享，这种人即朋友圈的核心话题人物。企业可以通过各种方式邀请各个圈子的核心话题人物作为企业在微信中的"代言人"，帮助企业转发分享公众号二维码或公众号软文。

（3）别忘记 QQ 和 QQ 空间。QQ 好友很容易转化为微信好友，企业常常需要通过 QQ 发送文件给客户，因此也在 QQ 上积累了不少客户，企业开通公众号后千万别忘记告诉自己 QQ 上的客户。另外，也可以通过 QQ 和 QQ 空间来转发分享企业公众号二维码和软文，吸引潜在客户的加入。

5. 微信群

一方面，企业在申请微信公众号的同时，也要建立微信客户群，将老客户和新客户都邀请加入客户群，方便沟通互动，也可以随时在微信客户群发送企业服务信息、活动信息或促销信息等，信息内容涵盖公众号软文以及企业专门为微信客户群编辑的各种信息。

另一方面，企业也可以利用员工加入的各种其他微信群，进行一些简单的软文分享以促进用户引流。第五章我们会详细讲到如何激活微信群并充分利用微信群资源。

6. 微信招聘

通过微信公众号发布招聘信息，可推荐给各种微信招聘平台进行转发，在吸引招聘人才的同时，也可以吸引更多的微信用户了解和关注企业，这也是一种比较简单易行的微信公众号推广方式。

7. 引流手段

通过付费的引流手段，微信公众账号的关注量会有较大的突破。但是这个方式不推荐给新申请公众平台的企业，如果你的公众平台没有足够的运营基础和运营能力，无法将订阅的用户吸引并留下来转化为"铁粉"，最好慎用此方法。

通过付费引流手段关注公众号的订阅，一定对此公众号有非常强烈的了解欲望，因此，公众号必须提供超出订阅预期的价值，才不会很快被取消关注。

四、如何提高推文阅读量

微信营销有两大核心：其一是内容，其二是互动。

许多企业在微信公众号的运营中发现，公众号的"粉丝"量和推文的阅读量完全不成正比。有些"粉丝"似乎从不点击查看过企业公众号推文，但也从未取消关注。

这让许多下了深功夫"吸粉"的企业号非常沮丧，刚刚庆祝完"粉丝"突破万人大关，可运营中才发现，推文的月阅读量甚至不能破千，这对一开始充满激情撸起袖子准备大干一场的微信公众号管理者来说是非常大的打击，直接影响其工作积极性，进而影响推文的质量，从而陷入一种恶性循环。

实际上，吸引潜在客户加入企业订阅号或服务号成为企业微信公众号"粉丝"只是良好的开端，接下来至关重要的一步是如何留住作为企业潜在客户的"粉丝"，并搅活企业公众号活性，将企业潜在客户转化为真正的客户，进而成长为企业的忠诚客户。

在微信公众平台运营过程中，公众号推文是开展微信营销的基础，高质量的微信推文能够让阅读者产生分享的欲望，并会被看到此文的阅读者不断地分享出去。反之，有些公众号片面追求推文数量每天都发布五六篇组合推文，而不注重其质量。

企业公众号运营者通过公众号向用户发送消息时，一定要做好计划。随着微信用户对微信公众平台的了解，用户开始更多地注重公众号提供的价值，因此，公众号要以服务用户为出发点，持续提供用户需要的价值，才能吸引用户的有效关注。有些企业的公众订阅号只是每天简单地向用户推送大量营销信息，却不关心用户会不会打开阅读，还有的用户即使打开阅读这些信息也很少会主动反馈。这种盲目的轰炸式推销信息会引起用户的阅读疲劳，甚至会使他们反感，归根结底，此类信息不能引起用户的情感共鸣，也激发不出用户的购买欲望。

因此，企业公众号需要掌握一定的发文技巧，才能得到事半功倍的营销效果。

从操作层面来看，微信公众号操作便捷且简单，不需要高阶教程，根据官方引导和提示，很快就可以学会操作。服务号的后台管理与订阅号如出一辙，具体后台操作管理细节可参考订阅号后台管理那堂课。

但是，要想真正将企业公众号打造成企业开展营销和服务的高效阵地，就需要传递出企业最核心的使命、价值观和企业品牌核心文化。许多人对微信营销存在认识上的误区。所谓营销，不是简单地卖掉产品，而是要在客户心中植入品牌形象，将客户变成企业品牌的忠实拥护者。

企业所有的产品营销、线上线下活动都是基于企业品牌文化，即企业最核心的使命和价值观来展现给客户的。

公众号推送内容需要把握以下要点：

1. 找准定位

企业运营微信公众号的第一步，就是找准自己的定位。

——你的公众号的定位是做什么？

——当然是做营销宣传啦！

如此想当然地回答，干脆利落！相信有许多企业都是这么想也是这么做的。于是用户看到的是千篇一律的促销广告或常年不变的产品信息。

这与各大商场超市印发的商品宣传单有什么区别？因为公众号推文排版有限，展示的产品甚至不如平面商品宣传单！

——你的公众号的定位是做什么？

——传递企业价值观、企业文化啊！

真不错，上升了一个层次呵！可是打开企业公众号看看，满篇皆是企业新闻，董事长昨天做什么了，董事长今天做什么了，可想而知，明天要推送的一定是董事长明天做什么了。

——你的公众号的定位是做什么？

——传递正能量啊！

如此高大上！点击，瞬间被霸屏，满目皆是网络上耳熟能详的鸡汤文，但是你这种传递正能量的方式，用户真的会买账吗？

对于企业来说，找定位其实很简单，你的客户群是谁，你的产品是谁在一直埋单？这两个问题没有企业不清楚，但是定位到互联网，定位到微信公众平台，企业的心似乎一下子也变成互联网一般博大了，似乎微信平台上几亿 "粉丝" 都是自己的客户，要去完成迎合所有 "粉丝" 的宏大目标。

其结果当然是出力不讨好！

不是所有人都会对你的产品的打折促销信息有兴趣；不是所有人都会被你企业的价值观所吸引；也不是所有人都需要从你这里得到心灵慰藉。

明确公众号的定位，要从精准分析企业的客户开始，要综合考虑客户的性别、年龄、地域、收入水平、对企业产品的喜好等因素。

简单地说，微信的营销对象可以限定你的企业公众号定位。

2. 做好前期数据分析，持续提供价值，切忌把客户当傻子

企业、商家等在运营微信公众号的时候，必须坚持价值第一的原则，认真思考自己能够为"粉丝"提供什么样的价值。如果一个微信公众平台不能提供用户一定的价值，就缺乏对用户的吸引力；相反，假如微信公众平台能够提供"粉丝"需要的价值，让自身强烈的"被需求"，比如提供"粉丝"所需要的某种产品或服务，就可能"青春永驻"。对微信公众平台而言，想要"青春永驻"，就必须具备价值。

微信公众平台在策划文案内容的时候，一个最直观的方法是从用户视角切入，站在"粉丝"的立场上想一想用户最需要什么？

想明白了这个问题，然后结合微信公众平台营销的产品类型和服务特点，将二者有机地糅合在一起，这样创作出来的内容才能抓住用户的需求重点，让他们喜欢看、喜爱读。

例如，你是美容美发行业，面对的精准客户肯定以年轻女性居多，当然也会有男性和中老年女性，但是你的重点客户一定是年轻女性，不要奢求迎合所有人，结果反而会适得其反。

那么如果运营美容美发行业的公众号，需要天天发促销打折信息吗？No，多分享一些可以让女性变得更漂亮的内容，可以讲一些头发护理方法，饮食安排等，来契合年轻女性的关注点。与此同时，再适时加入一些真人案例，来吸引年轻女性对公众号的关注，潜移默化地转移到关注该美发店。

3. 标题时代，用标题来引爆内容

许多企业反映公众号订阅用户过万，可实际发送内容的阅读量仅在几百和几千之间，阅读量甚至达不到订阅用户量的一半，这就意味着企业公众号发送的内容并不是都受到订阅用户的关注，也就是说公众号运营者精心准备的内容，会被迅速准确地发送至订阅用户，但是订阅用户会不会打开阅读却是公众号运营者无法掌控的。

要提高发文阅读量，首要而关键的一环就是起一个引起用户阅读兴趣的标题，如果用户看到标题后并没有点击阅读的兴趣，无论多么精彩的内容也没有意义。

因此，一篇软文的阅读量，很大程度上取决于一个具有引爆点和冲击力的标题，如果标题没有足够的冲击力，会流失掉较大部分用户的关注。

究竟怎样来写一个具有引爆点和冲击力的标题呢？

（1）巧用数据。文章标题中使用数字更有冲击力，标题带入数字，如"3大优势"、"3分钟让你懂得演讲的奥妙"等，数字会带给人具体有力的感受，引起阅读兴趣。

（2）利用夸张、反问等修辞手法。修辞可以使句子更生动，如果应用于标题中，会带有引导性和鼓动的力量。

此外，疑问句式在推文标题中也较常见，并且很有效。利用疑问句式引导用户思考答案。用户一旦开始思考，就有寻求问题答案的冲动。不管最终能否得到答案或得出的答案是否正确，用户都会点击标题仔细阅读文案内容。

（3）设置悬念，给推文披上神秘的外衣。充满悬念性的标题会给微信公众平台上的文案披上神秘的外衣，彰显神秘气息，引发用户的好奇心和求知欲，促使用户点击文案标题，仔细阅读文案内容。

可以在标题中添加一些悬念性较强的词语，诸如"干货"、"焦点"等。这些词语会营造一种震撼、神秘的氛围，"粉丝"看了之后会好奇心大增，想要点击文案，一探究竟。

例如，"这架航班故意晚点 79 分钟，147 名旅客却选择沉默，怎么回事？"这是一个既带有悬念性，又富有故事性的标题，标题是一个简单的故事描述，具有引人入胜的作用，吸引读者想了解整个故事。

（4）故事性标题。打造引人入胜的阅读欲。人人都喜欢听故事，喜欢品味有血有肉的情节，喜欢追随性格各异的主人公，他们源于现实，又超脱现实，引人遐思，吊人口味。

有故事性的文章经常会成为大家阅读的焦点，令人欲罢不能。其实，故事的魅力不仅体现在文章的内容中，标题也可以利用人们喜爱故事的心理，最大限度地勾起人们的好奇心和阅读欲望。

（5）情感性标题：带来情感上的冲击。微信公众平台想要让自己的文案有情感，富有魅力，最简单的一个方法就是在拟订标题的时候直接使用情感性词语，诸如"爱"、"幸福"、"温暖"、"期待"等。

这类词语能够形象地为"粉丝"带来某种情感上的体验，继而拨动他们的心弦，激发其阅读的欲望。

（6）新闻性标题：活用网络热词或热点事件。微传播时代，用户的注意力是媒体竞争的关键。如何在多屏时代聚合用户的注意力，需要运营者有敏锐的互联网思维。微信公众号的运营者，要在每天发生的热点事件中，寻找出与受众相关的利益点进行公众号内容策划。

所谓"热点"，指一段时期内引发广泛关注的国内外大事件，这些大事件或是关于宏观政治、经济、文化的时事动态，或是关于明星人物的娱乐动态，或是备受关注的热点话题。此类"热点"因其自身具有强大的影响力，往往成为人们关注的焦点。

在微信公众号运营中，不但可以利用"热词"作为标题，还可以利用"热点话题"进行事件营销。利用事件本身的影响力来吸引用户的注意力，带动市场推广。

应注意到：微信公众号做热点事件营销需要有创新的策略，充分把握微传播的特性和用户的兴趣点，不能单纯地复制搬运热点新闻。①要迅速跟进热点事件进度，保持与热点进度基本同步。②要找准公众号品牌与事件之间的契合点，没有契合点可能会出现反效果。③引起用户共鸣，结合热点事件营销的推文要契合用户的利益或兴趣，才能引发他们的心理共鸣，从而产生分享行为。

4. 内容简明扼要，忌长篇大论、忌每天的信息量太大

所有人都明白"内容为王"这个道理，但是实际操作起来并不容易。尤其是订阅号，每天都发送有新意、有价值且与自己品牌相关的原创文并非一件容易的事。

目前，微信公众号内容的同质化较严重，一个内容，被反复转载，有的还注明转载出处，有的只改改标题就变成自己的了。这不仅是粗制滥造问题，而且涉及了诚信问题，这样的文章怎么可能打动用户呢？

通过这种转载方式吸引的阅读量，实质上对企业公众号产生不了多少价值。企业推文最好多创造一些与自己企业价值观和公众号定位相关的话题，与"粉丝"的接受度相契合，如果发送与企业公众号定位相关的信息，这类话题不仅黏性大，而且产生的关联价值也大。

另外，需要强调的一点是，微信用户都是利用碎片化时间阅读，发送内容切忌冗长。

公众号"南方周末"的推文做了一件贴心的事，给出揭示："全文共 1649 字，阅读大约需要 3 分钟。"这个提示很贴心，碎片化阅读时代，这个小小的温馨提示可以让阅读者很快决定是否要看下去。

可是如果一篇推文冗长，而且事先没指出需要多长时间进行阅读，就算推文内容有见地也有价值，可阅读者还是会出现看到一半就因为时间原因放弃的现象，就算是以后有时间了也许已经不记得这篇推文了，再进行二次阅读的可能性极小，那么推文的价值就无法实现了。

换位思考一下，如果一篇公众号推文需要你一直不停地往上滑动页面，你会坚持看完它吗？

作为微信公众号运营者，首先要考虑用户的体验性，推文内容一定要精练、有意义，内容精度要做足。有能力的企业，可以先做好小范围的内测，改进后再发送。

5. 加入动图、表情包、微电影视频等元素，增强推文感染力

在一般的推文内容中，适当加入动图、表情包等元素，会平添推文的生动感，大大增强感染力。许多用一段话表达的情景，加入一张动图，则更直观活泼，更容易使阅读者产生共鸣。

企业可以采用微电影的形式来表达企业精神或企业价值观。微电影可以使企业平凡的员工和简单的事件得以升华，将企业精神植入视频短片中，达到既吸引用户又能传播企业正能量的双重目的。

企业微电影包含一般微电影所具有的艺术思想魅力，在满足用户审美诉求的同时，又通过微电影所传递的企业信息和企业精神的渗透，作用于观众，从而激发观众在认知和情感等方面的认同和共鸣，使观众更好地认识企业品牌，提高品牌的美誉度。企业微电影具有非同小可的宣传力量。

6. 切忌满篇广告，推荐采用软文植入营销广告的方式

最好的软文广告应该是 "随风潜入夜，润物细无声"。

微信官方营销规则中明确规定不允许出现任何恶意营销行为，所以微信公众平台在日常营销活动中要避免出现一些诱导性、虚假性的内容，推送给用户的信息要正面、健康、积极。

企业需要认识到，只有合理地推送广告信息才能吸引用户关注，获得用户的好感和信任。更重要的是，健康的营销活动可以保证整个微信公众平台良好的运营生态环境。如果运营的生态环境恶化了，单个微信公众平台即使做得再好，也难以获得成功。

7. 注意细节，图片排版精益求精

想要做好微信公众平台，就要注重细节。

企业最好选用和自己企业标识一致的公众号名称、头像、机构信息、位置签名等，这样做不仅促使公众平台具有较高的识别度，而且易于传播。

不管微信公众平台属于何种类型，采用何种运营模式，都必须坚持一个原则——用户即上帝。这就要求微信公众平台在设置和运营过程中将用户体验放在

第一位，最大限度地让自身变得易操作，更快捷。在设置微信公众平台的时候，一定要坚持简单化的原则，力求让平台板块布局更加合理、更加贴心。例如自定义菜单不要太多，菜单的名称要简洁直观易懂、自定义菜单要让用户快捷地找到关注内容，自定义回复要能够有效地引导用户等，别让用户对你的公众号功能模块琢磨太久。功能板块设置过于复杂，就会让用户在登录之后无从下手，甚至会因此产生反感心理，取消关注。

公众号推文所呈现页面的排版和构图也要精心设计。多图文栏目一般是5个最佳，1个黄金栏目加4个小栏目，刚好布满一个手机页面，栏目应该统一化，用户收到信息感觉较舒服，没有突兀感。

黄金栏目主要是放置重要的内容，这也是人们点击阅读最多和分享最多的。其他4个小栏目的规划需要有针对性，对于特定的栏目进行特定的阐释。固定好以后最好不要随便更改，今天5条，明天3条，会破坏用户的接受习惯。

编辑图文的时候，除了关注内容、图片外，分段、标点、错别字都需要多次推敲。千万别把阅读者当文盲，每个阅读者的眼睛都很犀利，如果错别字太多，用户会觉得你没有用心编辑，从而对公众号及企业的信任大打折扣。

在选择图片的时候，尽量选择适合手机观看而且清晰专业的图片。注意排版，建议在手机上预览、修改、再预览，直到你的图文被完美呈现出来。字体加粗、不同颜色、突出重点也要好好把握，形成你独到的风格。

微信公众平台要站在用户的角度思考，尽可能多地提供有价值的信息和服务，让用户能够从平台上感受到更多的便捷和优惠，最大限度地提升用户的平台体验。

正所谓"细节决定成败"，做好了细节，就能更快速地走进用户的内心，获得用户的认同和信任。

8. 选择发送时间，形成固定模式

关于发送时间，仁者见仁，智者见智，各个微信号的发送时间都不同。企业可以根据自身公众号的运营情况进行测试和调整，可以尝试不同的时间段进行推送，通过微信公众号后台管理功能中的"图文分析"来调整，直到找到最佳的发送时间。

另外，也可以根据内容来确定推送时间，例如，促销信息在节假日推送，阅读量更大，转发率更高。

9. 不断地对数据进行分析，调整内容

在企业公众号运营的过程中，运营者一定要重视数据分析。利用好服务号管理平台提供的数据统计功能，可以解决运营中的许多问题，一般公众号只需利用后台提供的数据分析功能基本够了。

通过数据统计，可以了解到订阅用户量、每天关注新增人数、取消关注的用户数量。还可以通过"用户属性"看到订阅用户性别、所在省份，以及通过"图文分析"了解每次信息推送情况，例如送达人数、图文页阅读人数、原文页阅读人数、分享转发人数等。进而分析哪种类型的内容阅读量更大，什么时间段推送的文章阅读量和转发量更高。

简言之，需要运营者不断地分析、总结和调整，确定用户喜欢的是图文素材还是视频素材；图文类更喜欢什么风格的呈现方式；视频类更喜欢什么风格的呈现方式等，这些都需要细细对比分析。

只有用户喜欢的推文才是最适合的，千万不可一厢情愿地按照运营者自己的喜好来策划企业微信号的推文。

10. 最重要的一环——传播

以上9点都是基础，推文打好基础后，核心且重要的是最后一环——传播！

企业微信公号运营者投入大量精力创造出的优质内容，却未能得到很好地传播，这种现象在企业公众号运营过程中常常出现，因此，好的内容，还要发动一切可发动的力量去传播。

通过企业的高管、员工、代理商、忠实客户等各种企业可发动的一切人员进行分享，通过微信朋友圈、朋友群、微博、贴吧以及线上线下活动等一切可分享的渠道进行传播。

< 课后练习 >

在本堂课的末尾，提供给了大家10个提高推文质量的方法。下面我们来做一个匹配题，请将下面的例子和文中的10个方法相对应，以检测是否真正地理解了课上内容。

公众号"人民日报"的推文标题"3年搬运700个西湖到北方，这项大国工程堪称世界第一"，运用数字后很有震撼力，吸引读者目光的同时，引发读者的好奇心和探究心，可能会点击一探究竟

图7-8 《人民日报》公众号

"陈丹青：中国教育从幼儿园开始，就让孩子变得不像一个孩子"，这个标题运用修辞手法，具有强烈的冲击力，是对幼儿园教育模式的反思和提醒，同样可以引发读者阅读的兴趣

标题"宁坐牢也不愿再高考"，很明显的夸张手法，却也反映了一些考生的心声，引发一部分读者共鸣的同时，也吸引读者一探究竟

图7-9 "当代教育家"公众号

"陈晓卿：小宽、小伟和炸酱面"，标题点出人物，似乎是两个平凡人的故事，平凡的故事中总会隐藏着大道理，引发读者想看故事从而点击阅读的兴趣。

图 7-10　"大家" 公众号

"真正伤害孩子的爸爸其实是这五种"，这篇推文的题目带有很强烈的感情色彩，"伤害"，尤其是家长对孩子的伤害，而且是隐性的伤害，作为家长，当然要认真看一遍并做自检才会安心

图 7-11　《家庭》杂志公众号

图 7-12 "中信旅游"公众号

"中信嘉丽泽旅游度假区" 的推文

图 7-12 所示为 "中信嘉丽泽旅游度假区" 的一篇推文，《嘉丽泽的桑葚君表示：这个锅我们不背》。

这篇公众号推文是基于 2017 年 5 月 22 日，一个来自昆明的美国马里兰大学的女留学生在毕业典礼发表的毕业演讲视频引发热议这一热点话题而推出的。

该女留学生在毕业演讲中称自己来到马里兰大学是为了 "新鲜的空气"，刚从飞机上下来就 "感到了自由，这儿太新鲜、太甜美"。

于是，嘉丽泽的桑葚君表示："这个锅我们不背" 的文中回应道："嘉丽泽的桑葚君听有人说昆明的空气质量不好，对此表示疑惑！"

在亮出昆明的天空、鲜花、飞鸟、人文等美图以及权威空气质量排名之后，紧接着，推文很快切入 "中信嘉丽泽旅游度假区" 自身："为此，嘉丽泽桑葚君思前想后，表示：这个锅我们确实不能背！要问为什么？桑葚君告诉你：在嘉丽泽，天空是这样的……" 引入一系列嘉丽泽的美图。

之后又适时地插入嘉丽泽的介绍，原来 "桑葚君" 是这个季节在嘉丽泽遍地可采的野桑葚，它们让空气真正实现了 "新鲜而香甜"。

整篇推文行云流水，既幽默又流畅，衔接自然，图文并茂，能极大地引发阅读者的共鸣。

但是，到此并未结束，最后，该公众号的互动活动同时借势推出："在这里，桑葚君邀请各位，想要 '新鲜香甜' 的好空气，嘉丽泽满足你！想要学习国风文化，诵千古诗词，嘉丽泽满足你！"

适时引出嘉丽泽诗词大赛正在报名中，如何报名、如何关注公众号……

关于企业品牌本身的推介、关于活动的宣传营销、关于公众号的推广……在这样一篇推文中很自然地水到渠成。

图7-13 "微美石化"公众号

"微美石化"的微电影，公众号"微美石化"是兰州石化公司的微信公众平台，该平台推出了"微电影"栏目，通过选择根植于企业内部的素材，拍摄短而精悍的微电影，传播企业文化正能量，大大提升了企业团队凝聚力。同时，也带来了良好的社会效应，有助于企业社会美誉度的建立和传播

第 8 堂课

倾心奉献：构建"微"商城

< 课前提问 >

1. 微小店有什么作用？微小店和微信商城有什么不同？选微小店
   或微信商城？
2. 微信优惠券怎么申请？
3. 微社区是什么？有什么作用吗？

< 本课重点 >

　　本课是一节实践课，主要介绍微信小店和微信商城的申请方式和两者之间的不同。打算开通微小店/微商城的企业一定不要错过。微信优惠券是一个比较新兴且受欢迎的项目，本课详细介绍其开通方式和作用。微社区是许多企业尚未接触的领域，希望通过本课案例的学习，让企业注重微社区的建设，同时用好微社区功能为企业的微信营销增光添彩。

一、微信小店建设

微信小店是在开通"微信支付"功能的基础上，支持商家进行商品添加、商品管理、订单管理、货架管理、维权仲裁等操作的功能。有开发能力的商家可以通过接口批量操作，快速开店。

值得一提的是，只有进行微信认证和开通微信支付的服务号才能申请开通微信小店。

下面简单介绍企业服务号微信小店的开通步骤。

Step1　登录微信服务号，进入后台管理页面，如图 8-1 所示：①在左侧功能板块中点击"添加功能插件"后，右边会出现一些功能插件；②点击"微信小店"。

图 8-1

Step2　在新进入的添加功能插件页面，可以看到申请开通"微信小店"选项，申请条件是"必须开通微信支付"。①点击"微信支付"，先按照步骤开通微信支付；②开通"微信支付"后，再按照以上步骤点击"开通"微信小店，如图 8-2 所示。

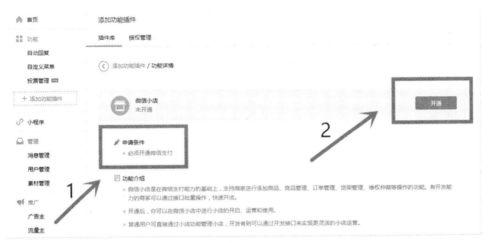

图 8-2

填写申请表时需要提供企业营业执照、开户许可证、运营者身份证等证件号码及扫描件，企业可根据后台操作提示进行操作，具体细节不再一一讲解。

提交申请之后，腾讯微信公司会对申请企业进行审核，审核通过后，企业登录微信服务号后台后，在左侧功能模块中就出现了"微信小店"和"微信支付"模块，点击打开微信小店就可以进行小店的运营和使用了，如图 8-3 所示。

图 8-3

图 8-4 是"微信小店"的"小店概况"负面。可以通过微信小店后台实现"添加商品"、"商品管理"、"货架管理"、"订单管理"、"运费模板管理"等功能。也

可以通过后台查看每天的"订单数"、"成交商品数"、"成交额"、"商品浏览量"、"货架浏览量"、"小店访问人数"以及简单的指标分析趋势图。

图 8-4

Step3"微信小店"开通后，需要在功能键"自定义菜单"模块进行链接设置，才能显示在公众号手机端的主页面。

图 8-5 左边所示为"微信小店"在关注此服务号的客户"粉丝"手机端打开后的主页面所处的位置。

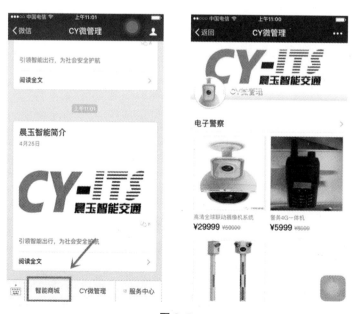

图 8-5

在"自定义菜单"中，可以将"微信小店"设置小店名，如本案例中的"智能商城"微信小店。图 8-5 右边所示为该"微信小店"在用户手机端进入后的主页面。

"微信小店"比较简单，可以让企业和商户实现快捷开店的需求，也是真正的零成本电商开启模式。普通用户可直接通过微信小店的后台功能管理小店，如果需要更好的界面功能，开发者可以通过开发接口来实现更灵活的小店运营。

二、微信商城建设

微信商城是微信平台上的第三方平台借势开发出的微信电商服务产品，即微信平台授权第三方系统为企业和商户搭建商城，以满足企业和商户的更多需求。

开通订阅号的企业可以通过此方式开微店，服务号同样也可以通过第三方平台来搭建自己的微信商城，相比微信小店微信商城可以提供企业更多元化的解决方案。

目前微信平台上的第三方商城平台很多，各个平台对企业和商户的要求不尽相同，实现的功能也有所差异。

我们将以"顺和健康"在"有赞"开通的微信商城为例，介绍开通第三方微信商城的方法。

Step1　进入有赞官方网站 https：//www.youzan.com/，如图 8-6 所示，①注册，②登录。

图 8-6

Step2 在新进入页面点击"创建店铺",如图 8-7 所示。

图 8-7

Step3 进入"创建店铺"页面,有以下三种类型可供选择,企业或商户根据自身行业进行选择,点击"立即开店",如图 8-8 所示。

图 8-8

Step4 给店铺起一个合适的店名,在新进入页面填写相关信息,点击"创建店铺",如图 8-9 所示。

图 8-9

Step5　填表完成后，就成功创建了第三方微信商城，如图 8-10 所示。

图 8-10

Step6　第三方微信商城绑定微信公众号后，复制店铺网址，在微信公众号后台"自定义菜单"功能模块进行链接，就可以在公众号主页面显示了。

如图 8-11 所示，点击"顺和健康"公众服务号主页面下的菜单"健康商城"，即可进入在第三方平台"有赞"所创建的微信商城主页面。

图 8-11

Step7　进入第三方微信商城后台，进行商城管理，如图 8-12 所示。

图 8-12

如图 8-13 所示，从微信商城后台可以看到，第三方微信商城相比"微信小店"增加了许多功能。仅在"客户"模块就划分有"客户经营"、"客户概况"、"客户管理"、"会员管理"、"会员卡"、"标签管理"、"积分管理"、"粉丝管理"功能。

客户的性别、浏览情况、购买情况、地域排名等信息都一目了然。

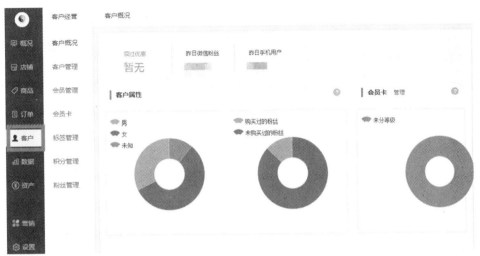

图 8-13

　　另外，第三方平台还提供强大的数据分析和营销支持功能模块，图 8-14 仅显示了其中一部分，企业或商户如果需要开通微信商城，可以多对第三方平台做详细了解对比，选定其中一家申请创建自己的第三方微信商城。

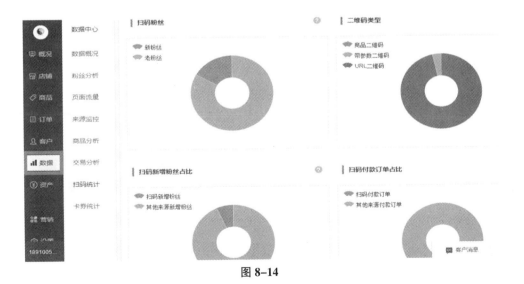

图 8-14

图 8-15

可以看出，通过第三方平台建立的微信商城在客户管理（见图 8-13）、数据分析（见图 8-14）、营销支持（见图 8-15）等方面更有优势，企业或商户可以通过这些功能模块，实现真正意义上的精准营销。

微信商城和微信小店一样，都是公众号链接电商的平台。通过第三方开发的微信商城提供的基础功能更多，用户体验自然更好。良好的用户体验是吸引用户转变为购买成交客户的一大因素，因此，企业如果开通微信商城，首先要考虑的是用户体验，对商城内的货架和产品进行有条理的设置，加入详细且图文并茂的产品介绍，提高进店浏览的用户的用户体验，进而留住进店浏览的用户。

此外，可以通过一些电商销售技巧，例如 9.9 元包邮、晒单返现、周二团购日、天天特价等促销方法，吸引客户的注意力，进而提高成交率。

从一定程度上来讲，微信在改变着商业生态。微信致力于为企业和商户提供一套线下实体经营的替代方案，用微信客户端来取代消费者的现金、银行卡和卡券，用公众平台来取代企业和商户的营销、CRM、收款、内部管理等一整套的运营流程。

需特别注意，微信平台的客户服务是微信小店和微信商城都不容忽视的关键环节，不能仅依靠公众平台设置好的快捷回复来解决客户的问题，单纯依靠"快捷回复"既不利于客户沟通和情感传递，也不会使客户的用户体验感下降。

三、微信卡券

优惠券是商家常用的营销方式，这种营销方式同样可以在微信平台得以运用。微信卡券是一种应用于微信线上的电子优惠券，企业或商家可以通过公众号发放或者分享给用户，在消费的时候抵现使用。

微信平台对卡券功能的介绍如下：

微信卡券是提供给商户或第三方的一套派发优惠券，经营管理会员的工具，可在公众平台或通过接口创建卡券，多种渠道投放给用户，用户用券时需核销卡券，核销后可查看数据、进行对账。

主要功能：

朋友共享的优惠券——可利用社交链快速扩散传播，一人领券，本人和朋友皆可看到并使用。

普通优惠券——传统优惠券的电子版，领取后仅本人可见可用，支持多种类型：折扣券、代金券、兑换券、团购券、优惠券。

会员卡——支持折扣、积分等玩法，并提供会员管理、数据报表等丰富工具，便于商户高效运营会员。

微信埋单——无须进行微信支付开发，同时与会员卡、代金券、折扣券打通，为你积累用户消费数据，用于经营参考。

储值功能——会员卡商户无须申请，可直接通过 API 接口，使用"余额展示"功能，将会员余额显示在微信会员卡首页。具有预付卡资质的商家可申请"储值"功能，申请成功后，可通过 API 接口设置此入口，帮助会员通过微信支付为会员卡充值。

第三方代制模式——经商户授权后，可代子商户快速接入并使用卡券功能，支持通过公众平台或 API 接口实现该功能。

基于以上功能，企业或商户可以通过微信平台发放各种卡券，吸引更多的微信用户进行消费。电子卡券有效地避免了传统卡券不便存放、容易丢失等弊端，给客户带来便捷使用感的同时，也通过转发分享等为企业和商户带来更高的点击率和更大的客流量。

图 8-16

图 8-16 客户或"粉丝"可以在自己的微信中点击"我",在进入的页面点击
"卡包",即可以查看自己的会员卡、票券以及朋友分享的优惠券。

通过微信认证的企业或商户,可通过自己的公众号运营后台来申请卡券功
能。具体申请步骤如下:

Step1 进入微信公众号后台首页,在左侧功能栏选择"+添加功能插件",
点击右侧页面出现的"卡券功能",如图 8-17 所示。

图 8-17

Step2　在新页面中点击"开通"，如图 8-18 所示。

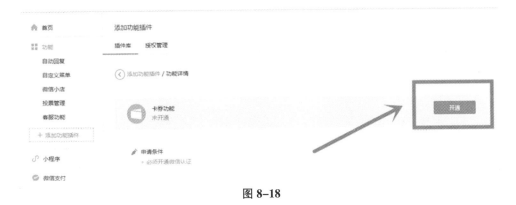

图 8-18

Step3　进入新页面同意服务协议，填写信息，进行资料预览，提交成功，如图 8-19 所示。

图 8-19

微信团队将会在 3 个工作日内完成审核。审核通过后，即可以通过公众号后台推出微信会员卡，也可以填写制作优惠券的类型如代金券、优惠券、兑换券、团购券或折扣券等，进行卡券的生成、编辑投放和核销以及数据分析等功能，从而进行营销，更好地满足客户的需求，如图 8-20 所示。

微信卡券的一大优势是在进行卡券发放的同时，通过在线信息提醒，不断提高老客户的复购量以及从新"粉丝"变为消费客户的转化量。

图 8-20

四、微社区

正如我们前面在"微信生态链"中所提到的，链接于微信公众号的"微社区"与手机 QQ 的兴趣部落合并，使得用户资源得到更大的拓展。"微社区"申请步骤如下：

Step1　打开网址 https：//buluo.qq.com，进入首页，点击"立即开通"按钮，如图 8-21 所示。

图 8-21

Step2 提示微社区已升级为部落，部落的申请流程与原微社区流程保持一致，如图8-22所示。

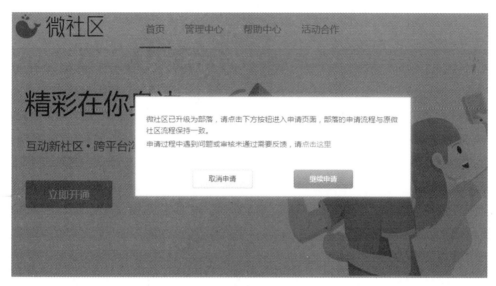

图 8-22

Step3 点击"继续申请"，新页面中出现三种选择，企业可以选择其中的任意一种，如图8-23所示。

图 8-23

Step4 按照提示填写部落信息、运营者信息等，如图 8-24 所示。

图 8-24

Step5 填写完成以后，点击提交，跳转到审核页面，等待审核即可。

审核通过后，企业公众号运营者即可将微社区链接到自己的公众号中，对于服务号或者已认证过的订阅号，可使用微信公共账号的自定义菜单功能，通过自定义菜单链接进入微社区。

案例 "视觉志"的互动社区

图 8-25 所示的视觉志的"互动社区"有两个，一个为摄绘主义，另一个为表白墙。可以从"视觉志"公众号页面的自定义二级菜单中看到。

点击"表白墙"，进入微社区兴趣部落"表白墙"页面。

（1）酋长即"视觉志"，由酋长来进行社区管理。

（2）用户可以选择关注，关注后就可以点击右下角鸡毛笔图标，进入文本编辑页面，参与发表表白语。如发朋友圈一样，部落里的其他用户即可以看到自己发的表白语，并针对这个话题进行评论、点赞或分享，形成互动。

微社区兴趣部落也可以举办一些线上线下活动，吸引具有相同爱好的用户们参与互动活动。

公众号运营者可以使用公共号的自动回复和信息推送功能，将微社区兴趣部落的介绍和网址链接到自定义回复内容或推送内容中，引导具有相同兴趣爱好的用户加入社区互动。

图 8-25

< 本课小结 >

1. 微小店和微商城的区别

微小店和微商城的区别	可开通的公众号类型	特点	店铺类型	功能	总结
微小店	服务号	通过微信认证和开通微信支付	无选择	1. 单一功能 2. 简单的数据分析	"微信小店"比较简单，可以让企业和商户实现快捷开店的需求，也是真正的零成本电商开启模式
微商城	订阅号和服务号	需要通过第三方平台	三种类型	1. 功能多样 2. 能做更复杂的数据分析	第三方平台建立的微信商城在客户管理、数据分析、营销支持等方面更有优势

2. 电子卡券

有效地避免了传统卡券不便存放、容易丢失等弊端，给客户带来便捷使用的同时，也通过转发分享等为企业和商户带来了更高的点击率和更大的客流量。

3. 善于利用"微社区"

公众号运营者可以使用公众号的自动回复功能和信息推送，将微社区兴趣部落的介绍和网址链接到自定义回复内容或推送内容中，引导具有相同兴趣爱好的"粉丝"和客户加入社区互动。

第 9 堂课

忠于职守：用好"企业号"

< 课前提问 >

如何利用企业号实施高效的内部管理?

< 本课重点 >

　　本课旨在为那些潜心于企业内部管理的管理人员提供高效管理的新思路。

一、企业号优势

工欲善其事，必先利其器。企业号同企业订阅号和企业服务号都不同，订阅号和服务号是企业的对外窗口，而企业号则潜心对内，集中于内部管理，是企业进行内部管理的一大先进工具。

企业号是腾讯微信专门为企业客户提供的移动服务平台，目的是为企业提供移动应用入口。这就意味着企业号体现出了企业内部管理和服务的功能，可以帮助企业建立员工、上下游供应链与企业IT系统间的链接，快速、低成本地实现高质量的企业移动轻应用，实现生产、管理、协作、运营的移动化。

企业可以利用微信企业号实现微信打卡、在线OA、订单管理、企业通信录管理、上下游公司管理等，帮助企业优化办公资源，提高办公效率，加强员工团队合作等，大大提升企业工作效率。

企业号是微信为企业客户提供的移动应用入口，具有四大优势：

1. 关注更安全

只有企业通信录的成员才能关注企业号，企业号还没有分级管理员、保密消息等各种特性，确保企业内部信息的安全。

2. 应用可配置

企业可自行在企业号中配置多个服务号，可以连接不同的企业应用系统，只有授权的企业成员才能使用相应的服务号。

3. 消息无限制

发送消息无限制，最高每分钟可群发1000次，并提供完善的管理接口及微信原生能力，以适应企业复杂、个性化的应用场景。

4. 使用更便捷

企业号在微信中有统一的消息入口，用户可以更便捷地管理企业号消息。微信通信录也可以直接访问企业号中的应用。

微信公众平台提出了企业号的四大应用场景：

1. 员工出差移动办公

办公室员工摆脱电脑的束缚，随时随地移动办公。

2. 服务管理一线员工

一线销售、行销代理、售后服务、巡检巡店、安保后勤等人员，他们没有电脑，但是大家都用微信。因此，可以通过微信企业号实现对一线员工的时时管理。

3. 连接合作伙伴

轻松帮助企业实现与上下游合作伙伴、供应商的订单管理、工作协同、流程闭环。

4. 提升服务能力

政府机关、学校医院等事业单位以及社会组织同样可以通过企业号简化管理流程，提高信息发布与触及的效率，提升组织协同运作的效率。

二、企业号申请步骤

微信企业号是微信公众平台在订阅号、服务号之后推出的第三种类型的公众号。企业号适用于企业与员工或者上下游供应链之间的交流和沟通，旨在通过微信连接企业应用，为企业提供移动端入口。

与订阅号和服务号不同，微信企业号只有企业通信录员工才能关注，同时，一个微信企业号可以配置多个类似的服务号应用，发送信息的无条数限制，还能对信息进行安全设置，确保信息的安全性和私密性。

此外，企业号结合微信已经开放的接口，既能使用微信原生的拍照、扫码、上传地理位置的功能，还能开放平台的语音、图像识别的接口与服务，以及实现微信支付和企业红包等功能。

申请微信企业号、申请微信订阅号和服务号的前期准备与申请步骤相同。

Step1　准备一个注册邮箱，填写注册信息，进行邮箱验证。

Step2　在邮箱激活后，用户进入选择账号类型，选择点击"企业号"，会弹出温馨提示对话框，提醒选择企业号后不可更改，是否继续操作，点击"确认"，进入用户信息登记页面，如图 9-1 所示。

Step3　目前企业号已变更为"企业微信"，点击"企业号"后，进入注册企业微信页面，如图 9-2 所示。此时需要选择运营主体的类型，申请人可从政府、企业、其他组织中选择一项。申请人在这里选择"企业"，下面会弹出需要填写的企业信息，需要上传营业执照扫描件、填写营业执照注册号、企业全称、企业

图 9-1

图 9-2

简称等信息，填写好后，点击"下一步"，进入"绑定管理员微信"页面，绑定后，进入"登记管理员信息"页面。

Step4　完成以上步骤后，进行企业号信息的填写。用户需要填写账号名称以及功能介绍，填写完信息后，点击"完成"即可。

腾讯公司会在 7 个工作日内进行审核，若审核不通过，将会停用所申请的企业号，因此要确保所提交的信息真实无误。

账号开通完成后，就可以应用企业微信进行相应操作了。

1. 首页一览

企业号管理可以下载企业微信手机端，直接通过手机进行企业微信登录，更便捷地进行操作管理，也可以直接从"常用入口"中进入，进行"添加成员"，邀请"成员加入"、"消息群发"、安装"微信插件"、管理"企业邮箱"等操作（见图 9-3）。

图 9-3

2. 企业应用

如图 9-4 所示，在"企业应用"中，可以添加"同事吧"、"公告"、"打卡"、"日报"、"审批"、"公费电话"、"企业邮箱"功能，企业可以有选择地添加这些基础功能。

图 9-4

3. 管理工具

如图 9-5 所示，进入"管理工具"页面后，可以点击"成员加入"，帮助员工加入企业，并开始使用企业微信。

图 9-5

点击"消息群发"，可以将公告或自定义的消息型应用发给已加入的成员或者进行群发信息。

点击"素材库"，可以将常用的消息素材进行存放和编辑发送。

点击"通信录同步"，可以进行企业成员通信录管理。

点击"使用分析"，可以查看"成员使用统计""成员使用记录""应用使用分析"等。

企业可以有选择地应用企业微信来进行企业内部管理，探索企业微信所带来的企业内部"微"管理的玄妙。

< 本课小结 >

企业号体现出了企业内部管理和服务的功能，可以帮助企业建立员工、上下游供应链与企业 IT 系统间的链接，快速、低成本地实现高质量的企业移动轻应用，实现生产、管理、协作、运营的移动化。企业可以利用微信企业号实现微信打卡、在线 OA、订单管理、企业通信录管理、上下游公司管理等，帮助企业优化办公资源，提高办公效率，加强员工团队合作等，大大提升企业工作效率。

二段复盘：工匠精神保驾微信平台建设

大数据时代将精准营销推向了前所未有的制高点。

每时每刻，层出不穷的海量数据对各个行业的生态产生着巨大的影响，大数据为人们提供了一种通过信息处理观察世界的新方法，也为企业提供了一种直面客户的捷径，即精准定位目标客户。

因此，大数据时代是以客户为导向的时代。微信营销由于其更容易掌控大数据资源且更容易直面客户的营销特点，在营销界独占鳌头。不同于官网、微博等营销渠道，微信营销已成为一个集宣传展示、咨询解答、购买支付、售后服务、数据分析评估以及线上线下全面互动的全方位成交闭环系统！

在客户导向的时代，精准营销的两大主题即获客与活客。获客和活客是一把天平，单纯重视哪一方都不是精准营销。正是基于这个原因，微信订阅用户量也不是越多越好，而是越精准越忠诚越好。

精准客户的获得可以通过大数据分析来实现，那么，活跃度高的忠诚客户又如何来实现呢？

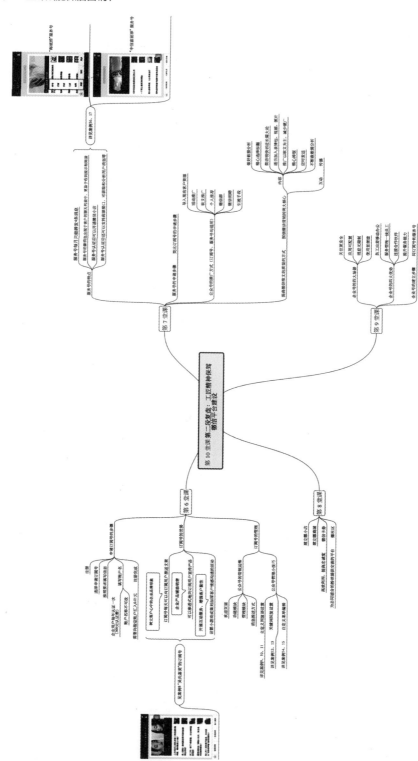

图 10-1　第 10 堂课：二段复盘

第11堂课

精准营销 =YES

< 课前提问 >

1. 什么叫作精准营销？

2. 什么是 CEC？如何培养企业 CEC？

3. 既然企业以自己的产品或服务满足于各类人群的需求几乎是不可能的，那么成功的企业到底是如何开展营销的呢？

< 本课重点 >

　　本课主要介绍"YES"模式的精准营销，精准营销是大势所趋，也是微信营销的核心。精准营销的过程中特别强调服务至上的基本原则，开展精准营销的企业需要特别注重提供客户高质量的精准服务，以了解客户的内心需求。

一、Y：一个中心，两个基本点

精准营销，即"Yes！"

用营销界的话来说，即"成交！"

早在2005年具有"现代营销学之父"之称的菲利普·科特勒就提出了精准营销（Precision Marketing）的概念。

菲利普·科特勒也提出过另一个重要思想：销售不是营销，企业本身就应该是一个营销组织。

这个观点值得所有做微信营销的企业进行思考，营销并不单单是销售人员的职责，而应是整个企业组织运营的核心。

在微信营销中，我们也提出"微"管理概念，微信营销是大数据时代的一种企业管理方式。

微信营销的核心就是"精准营销"。

如果你的企业还在微信上漫天撒网地推送不痛不痒的鸡汤文或千篇一律地推销信息，那么，毫无疑问，你的企业还没有把住微信营销的脉搏，所有微信营销跃动的火花都与你的企业无关。

对于任何一个企业，如果说有形的企业产品是硬件，无形的服务客户即软件，两者之间的润滑剂则是"润物细无声"的精准营销策略。这在微信营销中体现得尤为明显。

所以，企业要在"获客"的同时"活客"，将目标客户转变为活跃度高的忠诚客户。企业需要"软硬兼施"，软硬件都要与时俱进，并且千万别忘了适时添加精准营销的"润滑剂"。

任何一家企业，都可以自检：你的企业究竟有没有"软硬兼施"？品质、服务和策略，你究竟在重视哪一个？

传统的商业行为都是企业研发和生产之后，通过各种营销手段促使客户接受。

菲利普·科特勒认为精准营销就是企业需要更精准、可衡量和高投资回报的营销沟通，需要制订更注重结果和行动的营销传播计划，还要越来越注重对直接销售沟通的投资。

经过十多年的发展，一直到有人吃到了大数据营销的蛋糕，大家才发现"精准营销"的优势之所在。

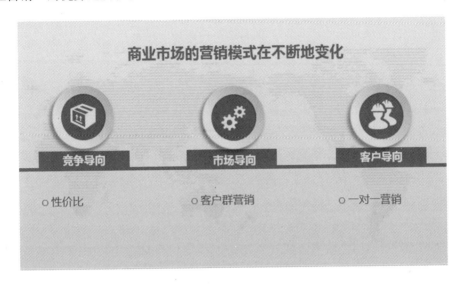

从追求性价比的竞争导向营销模式，到注重客户群营销的市场导向营销模式，再到以客户为导向的一对一"精准营销"营销模式。精准营销已成为目前营销的主要方式。

而微信营销平台的出现，使得"精准营销"更加接地气儿，更易为普通企业使用。

精准营销的一个中心即"成交"，两个基本点即"获客"与"活客"。

1. 获客：精准定向目标客户 + 目标客户转化为成交客户

按照二八规律，一般企业都是 10%~20% 的客户提供了 80% 的收入，这 10%~20% 的客户被称为有贡献的价值客户。只有精准地找到那些真正有意向的客户，而不是把大量的资源浪费在没有需求的人身上，才能帮助企业在营销中开源节流，提升企业整体运营效率。

精准营销是一项长期的营销活动，中小企业只有在充分了解目标客户的基础上才能做到"精准"。

微信公众平台后台提供的数据统计与分析功能，可以使企业用最低的成本找到最有价值的目标客户，进行精准的市场定位，发挥企业的优势，以最低的营销成本为目标客户提供精准产品和服务。

（1）企业要善于收集、积累客户的信息，建立客户信息数据库。中小企业要做到精准营销，首先就要精准地定位目标客户，而精准的市场定位是建立在对客户的特征、行为习惯以及客户需求等因素准确分析的基础上。企业要想了解市场的状况、客户的特征以及行为习惯等信息就需要对市场信息、客户信息进行收集和积累。因此，中小企业建立一个具有一定规模的、信息比较完备的客户数据库是有效开展精准营销的重要前提。

我们发现，许多企业建立了客户信息数据库，却形同虚设，或仅仅利用客户电话资料进行电话营销，并没有对目标客户进行有效分析，因此无法对客户的消费需求和行为习惯进行有效的把握，无法获得开展精准营销的足够信息。

一个规范的微信客户信息数据库应该包括：姓名、微信名、性别、年龄、地区、关注时间、互动情况（是否咨询、是否留言、是否参与活动、是否分享）、成交情况（是否成交、成交次数、交易金额）、反馈情况、个人喜好、信用情况等。

例如，开通微信小店或商城的企业可以记录客户对推文的点击浏览或是购买习惯，将这些信息转化为数据保存下来，成为该用户的个人数据资料，通过这些资料对平台内的客户进行分类管理，分批推送符合各类群体特性的内容信息。

（2）企业在建立客户数据库后，要充分利用信息技术，对客户数据进行监控并为客户贴上标签，对其需求进行精细分析。例如，可以将关注公众平台的客户进行细分，分别贴上标签。

1）按照客户成交次数划分：

"粉丝"客户：仅仅关注，没有产生成交的客户。

成交客户：成交次数在5次以内的客户。

活跃客户：成交次数在5次以上的客户。

2）按照客户生命周期进行划分：

潜在客户期：客户"粉丝"新关注的前几天，还未产生成交。

活跃客户期：产生成交后，并进行持续互动。

沉默客户期：在一次成交或几次成交后，变成睡眠客户。

3）按照客户互动情况进行划分：

无互动客户：关注后从未进行过任何互动。

咨询客户：进行过产品咨询。

留言客户：在公号留言区留言。

线上活动客户：参加过企业组织的线上活动。

线下活动客户：参加过企业组织的线下活动。

以上只是简单的分类，企业可以根据自身客户情况，进行更深层次的细分，为每个精准客户贴上标签。

在以上简单分类贴标签的基础上，还可以通过将客户按照性别、地域、消费习惯等属性进行分类。

在微信公众平台管理后台中，自带比较详细的数据分析，企业可以在平台已有分析的基础上，对客户心理和行为进行分析，从而选定对企业有价值的目标客户，进而根据企业自身特质，定期、定向推送精准匹配对应的产品和服务，进而在与精准营销方法相结合的基础上，实现成交。

2. 活客：以精准服务＋精准营销策略来搅活客户活跃度

"获客"是开路先锋，企业在微信营销平台，可以通过降低获客成本扩大市场规模，拓展盈利空间。

定位到精准目标客户只是良好的开端，在此基础上，企业还要按照目标市场的需求情况和企业自身条件，深入场景，精准把握客户需求，开发出细分市场的产品以及专属定制产品。

与此同时，通过精准贴心的服务增进客户感情，组合运用多种营销方法，使其有机组合，相互协调，相互配合，形成系统的精准营销组合策略，并随着目标市场需求的不断变化而进行适时调整，从而促进客户黏度，激活休眠客户，对存量客户分层营销，使其成为活跃度高的企业高忠诚度的客户"粉丝"。

在过去市场导向时代，我们在不停地寻找新客户，例如，面向陌生人的电话营销。但是在客户导向时代，我们在获客的同时，侧重点不再是不停地寻找新客户，而是在获客的同时，持续地挖掘原有存量客户，为存量客户提供服务和价值，不断寻找与存量客户开展新业务合作的机会。

精准营销要体现在企业营销的全过程中，而不是仅仅体现在精准定位目标客户。大家都明白，僵尸客户对企业来说没有价值，只有活跃的客户才能对企业产生价值，与企业互动，持续成交，互取所需，产生双赢。

那么，在企业营销平台中，如何保持和提高存量客户活跃度并转化以实现持续的成交呢？

1. 根据分类标签、数据、客户生命周期选择相应的营销策略来制定精准营销方案

在细分客户的基础上，了解客户加入企业公众平台的原因、动机以及兴趣点等，从而寻找客户与企业自身产品和服务的契合度，有针对性地制定促活方案，做到有的放矢的精准营销。

例如，针对不同生命周期的客户，实施不同策略：

处于"潜在客户期"的客户，流失率最大的时期，有许多潜在客户刚刚关注就取消关注的现象就发生在这个时间段。因此，可以设计合理的机制去促进客户从潜在客户到活跃客户的转化。

处于"活跃用户期"的客户，比较稳定，流失的概率比较低，但是企业不能放松警惕，要站在客户的角度去设计和完善精准营销策略，不断刺激客户的活跃度，延长客户活跃周期。

处于"沉默用户期"的客户，要进行更大力度的唤醒及关怀，推迟他们的沉默期。

在营销策略实施的过程中，企业要注意对精准营销实施效果进行监测，检验其是否有效地实现了企业的营销目标，如果出现了偏差，要分析出现问题的环节并及时进行矫正。

中小企业还应密切跟踪市场环境的变化、消费者需求的变化、科技进步带来的新的发展趋势以及竞争形势的变化对于行业企业可能带来的影响，对企业的精准营销策略进行动态调整。

2. 免费服务

免费！免费！免费！重要的事说三遍。

服务是企业在实物硬件产品之外所提供的免费软件产品。服务是一项无微不至的工作，贯穿精准营销的始终。

企业要特别重视打好服务基础，如果企业侧重销售的实现而服务意识不强，则难以实现良好的营销效果。

案例1　海底捞的顶级服务

看到海底捞火锅的公众号上有这样一个留言："女朋友去吃火锅，我去排队她做头发，头发做完了，我们高兴地吃到了海底捞（大哭！）"

这句留言很典型，女孩子做头发，可不是十几二十分钟就可以做好的，至少也要两个小时以上，这就意味着留言的这位"男朋友"排队长达两小时以上，但依然"高兴地"吃到了海底捞，可见这对情侣客户对海底捞火锅的痴迷程度。

当然，客户对海底捞如此信任和喜爱，都源于海底捞的付出。这就不得不说海底捞的服务理念，海底捞的服务没有标准化，却让客户享受到了顶级服务，值得每一个企业学习。

曾经一度在营销界备受推崇的"把梳子卖给和尚"的营销模式已经过时，营销不再是狂轰滥炸，也不只是盲目地追求情感营销，大数据时代的最高境界是相互需要型的精准营销。

很少有人没接到过推销电话，这种营销方式的成功率非常低，因为推销者只是满天撒网，根本不知道对方的需求。但是如果一个妈妈的孩子是个男孩，并且刚满 4 岁，了解这个信息的跆拳道馆打电话给这位妈妈，就极有可能会邀请到这位妈妈来跆拳道馆进行了解、沟通，那么可能促成一次成功的营销。这只是一个简单的例子，显示出只有了解客户的需求才能实现精准营销。

在微信精准营销中，企业要做的是在对"粉丝"客户数据分析的基础上，精准定位潜在目标客户，依托现代信息技术手段建立个性化的顾客沟通服务体系，实现企业可度量的低成本扩张之路。

换而言之，企业懂得客户需要什么，就奉送什么。把适合的产品送到需要的客户手中，即精准营销！

二、E：首席执行客户 =E（Customer Experience Center）

人类从工业革命时代步入信息革命时代，意味着全新的精准客户营销时代全面来临。那么，在这个全新的精准客户营销时代，企业究竟该怎样对待客户呢？

传统营销中，有一个深入人心的口号是"顾客就是上帝"，在大数据精准营销出现后，CEC 的概念应运而生。CEC 的概念是 2012 年 IBM 提出的，但是一直并未被广泛应用。

在以客户为导向的微信精准营销中，企业形象变得非常透明，客户不再是被动的消费购买者，而是企业品牌的影响者。CEC 可以通过自我感知、体验分享、发声号召等进行舆论引导，影响企业的营销效果和客户反应。

互联网的舆论传播如风卷残云，被移动互联、社交媒体、超级数字化、大数据分析等新技术武装起来的 CEC，拥有前所未有的强大力量，他们通过社会化媒体等渠道来表达和分享个人需求，能够完全掌控自己的消费行为，并且有强大的市场影响力和自主决策能力，甚至可能影响到企业的生死存亡。

因此，我们重点提出 CEC 的概念，希望引起更多企业的重视。企业需要明白客户才是影响企业产品研发设计、价值传播、营销策略、服务水平等的核心焦点。

那么，CEC 是谁？企业该如何找到并确定自己的 CEC？

与 CEO、CMO 等不同，CEC 首席执行客户并不在公司内部体系中，而是存在于外部客户群中。

但是，CEC 与传统意义上的客户又完全不同，传统客户是一个广泛的群体概念，即使客户细分也是细分到一个群体，而 CEC 完全精准到了个体，让企业来直面个体客户。

在 CEC 主导的精准营销时代，企业该如何改变传统风格来面对自己的 CEC 呢？

从市场营销学诞生的那一刻起，所有企业都幻想着自己能够拥有"读心术"，能时刻了解到客户想要的究竟是什么。

但是真正的难题也来了。

微信信息传承了互联网信息的主要特征——"碎片化"。无论从时间、地点还是使用的应用而言，微信同样充分体现了碎片化的特点。

那么，如何从这些碎片化的海量数据中找到可以为企业所用的数据，并将数据转化为企业的资产，从而找到企业的 CEC，产生商业价值呢？

1. 找到属于你的 CEC

在微信公众平台，找到企业的 CEC 并不是一件难事。

大数据时代的营销变革要求营销不能再凭嗅觉和感情做事，而要依靠科技能力和数据分析能力。

对于中小企业来说，可以分三步走：

（1）从公众平台客户中筛选。企业可以利用微信公众后台的统计功能，按需求层次推送针对性文案并制定针对性的活动，通过一次次的活动和文案筛选就能不断地甄别出精准用户。这类型的 CEC 是企业的精准和忠诚客户，企业可以有针对性地做好服务和推送潜在的营销信息，使其免费为企业做推广。

（2）在以上精准用户中找到那些与企业价值观趋同的客户。在此基础上，测试其公众传播能力，目前就有专门的软件可以进行这方面的测试。

（3）也可根据企业的自身特质，考虑寻找网络中的意见领袖来做 CEC。当然这也需要价值观趋同的意见领袖，例如，企业通过与 CEC 沟通，请他们试用自己的产品，并将试用过程、体验"晒"在网上，产生带动效应，这种方式效率更高。

当然，有互动服务能力的企业，可以将自己的每个精准客户都定位为 CEC，进行精准的营销服务。

2. 引导你发挥好你的 CEC

CEC 时代的到来，为商业模式创新提供了无限可能，马云说过："管理一个电子商务企业好比政府管理国家，设计好规则、搭好舞台、维持竞争生态，然后让消费者自己玩起来吧。"

人的情感是共通的，CEC 的引导很容易引发共鸣。以前，用户多通过广告了解产品，这种依赖正在发生改变，口碑传播越来越受到重视。对消费者来说，一份 CEC 的用户体验报告带来的感触，远比企业广告来得强烈。

但是也要注意到，CEC 是把双刃剑。如果品牌做得不到位，CEC 同样可能传播开。每一个 CEC 都是一个主体，借助网络和微信的传播力量，动动手指就能瞬间和世界分享自身的消费体验，能让某个企业享受免费的品牌宣传，也能让某个企业名声扫地。稍有不慎，企业就有可能陷入一场破坏性巨大的危机中。

因此，企业不仅需要提升品质，也要及时发现负面信息，第一时间合理地解决危机，避免负面效应的进一步扩大。

譬如，一对情侣去一家比较浪漫的餐厅吃饭，他们做的第一件事就是分享餐厅装饰环境，如果餐厅的产品和服务能较好地满足情侣的个性需要，那餐厅的美誉度动动手指就可以得到免费传播，看到信息的情侣可能会被吸引而来；相反，如果餐厅某一方面未能满足这对情侣的需求，甚或发生冲突，不但会引起这对情侣的反感，甚至会在社交媒体上传播关于餐厅的负面舆论，配以亲身体验图文，负面传播也许会形成轰动性效应，使得餐厅形象剧烈下跌。

也有作者提出，互联网时代，企业如果引导得当，容易从 CEC 身上获得免费资源。

百度文库就做出了很好的示范：百度文库是一个用户可以自行上传、在线阅读、下载相关资料的应用平台，百度自身并不参与资料的编辑或修改。百度文库通过制定规则，让自己的用户成为了免费员工，自愿上传、分享和整理资料。

那么，在企业微信营销平台上，企业与 CEC 之间的互动就出现了无限可能。企业应该将客户置于价值链的中心，所有创造价值的活动都围绕客户来运作，让客户通过微信平台参与企业从设计研发到营销服务的每一个环节，进行体验和反馈，从而使产生的价值无限扩充。

3. 服务好你的 CEC

企业或商家与客户之间永远不是一锤子买卖，一个公司、一个品牌要想与其客户、消费群在长时间内建立稳固的关系，就不仅要为它的客户提供最好的产品，也要提供最好的服务和最佳的客户体验。

企业从营销部门开始，逐步优化企业的流程、人员和运营。互联网时代，企业和客户都相对透明，因此，企业为客户提供产品及服务的单次过程，都是对品牌的一次测试，而且测试结果随时都可能在圈子平台中扩散。

这就意味着企业要进行一场以客户为中心的转型，构建起能够针对客户个性化需求做出及时应变和反馈的全接触系统，整合所有的客户接触点，包括线上的、线下的，虚拟的、实体的，并打造一个以客户为中心的"需求链"，将营销变为服务，置营销于无形之中。

企业在定位到属于自己的 CEC 后，应把企业的 CEC 定位为企业的口碑载体，以单个 CEC 为中心，辐射更多的目标客户。

物以类聚，人以群分，企业选定的 CEC 吸引来的目标客户必然和企业的价值观趋同或对企业有所需要。

在此基础上，企业在"获客"的同时即可以开展各种"活客"活动。

三、S：大数据为基，服务先行

作为中小型企业，虽然已深刻体会到大数据营销趋势，却很快就会痛心疾首地发现：在进行微信营销"获客"和"活客"的过程中，企业若想以自己的产品或服务满足于各类人群的需求几乎是不可能的。而且，要迅速定位到自己的精准目标客户，并了解客户内心的真正需求，但并不是一件容易的事。

在 CEC 精准营销中，企业要以品质过硬的差异化产品和精准贴心服务为突破口，通过大数据分析精准定位到 CEC 以及所有目标客户，进行全方位的"精准服务"，并配合以基于微信平台的"精准营销策略"，从而达到"润物细无声"的营销效果。

华为的任正非说："虔诚地服务客户是华为存在的唯一理由。"这句话透露出两层意思：第一，华为的存在是为了虔诚地服务客户；第二，华为之所以存在是因为虔诚地服务了客户。这是两层完全不同的意思，服务客户是华为存在的理由，也是华为存在的原因。

事实上，服务客户不仅是所有企业存在的理由，更是所有企业存在的原因，越来越多的企业认识到服务客户的重要性。

从一定意义上来讲，服务是企业的一种潜在营销手段，在微信平台营销中，营销将从传统相对静态的、自上而下的营销方式变为快速灵活应变的营销方式。

企业通过后台大数据分析，定位到目标客户后，可以按照以下步骤来实施营销策略以开展营销活动。

1. 确定微信平台营销目标

根据企业微信平台的"粉丝"增长量、图文转发量、图文打开率等多个维度，制定一定时间周期的微信营销目标，作为微信公众平台运营的动力和目标。

制定好营销目标之后，对目标进行拆分，划定一个小阶段的运营目标。可以在特定时间节点、关键事件、企业的关键纪念日，有针对性地策划相应活动，制定运营策略和具体方法，做出爆发的效果。

2. 精准匹配，制定个性化营销方案

在对目标客户精准分析并定位的基础上，接下来关键在于对企业提供的产品、价格、渠道与客户需要之间的精准匹配，换而言之，就是营销需要倾向于哪一类客户用，需要策划哪一类活动，需要在什么时候做内容群发推送，这一切都需要企业做出详细的安排。

精准营销的一个典型例子就是如果客户在天猫上搜索过儿童玩具，那么无论该客户在哪里登录都会看到儿童玩具广告。这是基于客户的搜索行为与痕迹，通过分析判断出客户当前对儿童玩具有需求，随即精准地展现给客户，这就是精准的广告投放推送各种儿童玩具的广告。

也是在这个阶段，客户并不排斥此类广告，反而乐于看到这些广告，并点击查看进而产生成交。

这就是大数据精准营销的魅力，依托强大的数据库资源，通过现代信息技术手段实现个性营销活动，借助市场定量分析手段、现代信息技术，对客户进行精确衡量和分析，做到在恰当的时间、恰当的地点，以恰当的价格，通过恰当的营销渠道，向恰当的客户提供恰当的产品。

3. 开展具体营销活动

具体营销活动也是有针对性的营销活动，通过各种营销活动来与客户进行互

动，是"活客"的具体实施手段之一。

微信营销是一种长线投入，企业要从目标客户群的特定需求出发、要摒弃片面追求在一次交易中获取较大利益的想法，从长远、整体的角度着手，有针对性地选择营销活动，注重保持与客户的良好关系，采取各种"活客"策略，在长期稳定的关系中获取最大利益。

案例2 吴氏嘉美的双赢营销

图11-1所示是昆明吴氏嘉美美容医院的营销活动："美肤只要1元起……"这是一种"放长线钓大鱼"的营销活动，乍看"放长线钓大鱼"，似乎有些贬义，实际上只是一种形象的营销策略，也是一种双赢的营销方式。

企业通过让利或免费的方式吸引客户，从而产生成交。成交之后再通过优质产品和顶级服务等搅活客户的活跃度，将免费让利客户变为忠诚活跃客户。

图11-1

需要强调的是，企业要认识到，企业微信公众平台与个人客户"粉丝"之间所形成的关系，只是一种弱关系。因此，公众号营销一开始一定要弱化营销表现，不要刻意去强调营销的产品或内容，而是要告诉客户"粉丝"关注此公众号和参加企业互动营销活动所能获得的服务与价值，并持续提供服务和价值给客户，才能得到客户的持续青睐。

因此，我们提出了在微信营销平台中的精准营销路径：在微信大数据精准分析定位目标客户的基础上，服务先行，再通过精准营销策略来搅活微信营销生态。

良好微信营销效果取决于三大关键点：

（1）优质微信公众平台。例如公众号人气高、CEC价值观趋同、"粉丝"客户活跃度强、原创内容出彩等。

（2）良好的企业价值观。例如服务观念强、正能量传递等。

（3）营销策略适当。营销互动多样性、线上线下结合等。

明茨伯格说，再好的战略和计划都有赖于最终的实践和不断的改善。企业也要认识到，即便有了再好的分析和预测，要将分析结果转化为市场行为，仍有赖于高效的领导力和有效的执行力。

因此，中小企业还需要重视的一点是：企业努力树立自身良好形象，与客户建立良好的客户关系，实现企业与客户共赢的同时，还要培养能够胜任精准营销工作的营销队伍，以适应时代营销大环境的变化。

接下来的两堂课将具体讲解如何进行"精准服务"，以及要运用哪些"精准营销策略"来搅活微信营销生态，促成成交和共赢。

＜本课小结＞

1. 精准营销，即"YES！"

精准营销的一个中心即"成交"，两个基本点即"获客"与"活客"。

2. CEC（Customer Experience Center，首席执行客户）

是指可以通过自我感知、体验分享、发声号召等进行舆论引导，影响企业的营销效果和客户反应的客户。

3. S：大数据为基，服务先行

在 CEC 精准营销中，企业要以品质过硬的差异化产品和精准贴心服务为突破口，通过大数据分析精准定位到 CEC 以及所有目标客户，进行全方位的精准服务，并配合以基于微信平台的精准营销策略。

总结：微信营销平台中的精准营销路径：在微信大数据精准分析定位目标客户的基础上，服务先行，再通过精准营销策略来搅活微信营销生态。

第12堂课

高起点，低姿态的"精准服务"

< 课前提问 >

1. 精准服务是精准营销的基础，但是如何做到精准服务呢？
2. 为什么要讲究"有形"的服务？如何做到服务有形化呢？

< 本课重点 >

　　上堂课重点讨论了精准营销是大势所趋，同时强调了精准服务是其基础，本堂课重点研究如何为客户提供精准服务，本堂课介绍的精准服务方式主要有三种，即"一对一"服务、"定制化"服务和"有形性"服务。

一、"一对一"服务

一些中小企业已经树立了精准营销理念，但精准服务的意识却没有配合到位。

企业开展微信营销时必须认识到：微信营销平台的存在是为用户服务的而不是为企业服务的，只有当企业在微信中做好服务，才会吸引微信用户转化为客户。

许多开展微信营销的企业由于对精准营销的理念缺乏足够的理解，把精准营销仅理解为营销信息的精准投放，而没有认识到精准营销是全过程的营销，也是全过程的服务。

前面提到过海底捞的服务，其实企业要做到海底捞式服务并不需要高成本，可是大多公司却没有做到，这就值得企业反思了。

另外，不要认为服务只是服务型企业的事，做企业归根结底就是做服务，这个道理适用于任何企业。

企业开展以客户为导向的精准营销不只是为了促成某一次的销售，更应看重的是客户对于企业的终生价值。由于维系一个老客户的成本远低于获取一个新客户的成本，因此，提升客户的忠诚度是企业需要尽全力做好的功课。

在需求多元化的时代，中小企业应建立精准完善的客户服务体系，把产品和服务信息及时、准确地传播给消费者，减少客户搜索和交易的时间。在保证基本服务的同时，根据客户需要，结合企业的能力，进行业务活动的延伸，为客户提供超出常规的服务，以提升产品和服务的价值。

在微信营销平台中，我们着重提出"一对一"服务。

企业把"个体客户"放在第一位，以企业的身份为单独的"个体客户"服务，通过一对一私密端口，进行"我和你"的沟通服务，只有用户感觉你和他是朋友间的交流，用户黏性和活跃度才能增加。

也只有"一对一"，才能准确把握客户的需求，为客户提供满足其个性化需要的服务。

微信交流是一对一且双向的沟通交流方式，企业公众号也可以实现一对一的互动交流。企业要高度重视在微信公众号推文中留言的客户，同样也要高度重视直接在公众号对话框中发消息的客户，这就要求企业公众号有人工客服，而不是简单的自定义回复。

1. 重视公众号中发消息进行咨询互动的"粉丝"和客户

这一点尤为重要，企业要非常重视和珍惜每一位主动在公众号中发消息进行咨询或互动的客户。

首先，企业消息框的自定义回复语要进行有效设置。

其次，企业客服要在尽量精准、恰当地给出客户想要的答复的同时，传递出企业与客户平等的友好和真诚态度。

案例 1　吴氏嘉美的自动回复语

如图 12-1 所示，吴氏嘉美美容医院的自动回复设置语为"您好！您可以直接点击本微信任意一篇文章左下角阅读原文与医生助理直接沟通，也可以致电 0871-66363999 和专业医生助理一对一咨询，我们将竭诚为您服务！"

对比如下回复语：

（1）"您好！欢迎关注！"

（2）"您好！我们已收到您的留言，对于您的建议，我们会尽快答复。谢谢！"

（3）"您好！联系客服请点击菜单'在线客服'，与我们客服联系。"

分析：

（1）完全是敷衍。

图 12-1

（2）有些莫名其妙，你怎么知道客户发送的是建议呢？

（3）直达目的，但没有传达出企业的态度，没有在第一时间发出链接客户情感的信息。

相比来看，吴氏嘉美美容医院的自定义回复包含的信息量较大，你可以选择点击任意一篇推文进行沟通，也可以选择菜单"在线咨询"进行沟通，还可以致电沟通，最后"我们将竭诚为您服务！"体现了企业的态度。

对于有互动沟通要求的客户来说，这句回复语在解决客户诉求的同时，传递出了企业的良好服务态度。

再点击吴氏嘉美美容医院的"在线咨询"菜单后，进入的对话页面就更加丰富了，似乎为你打开了咨询世界的另一道门，客户会在第一时间感知到企业进行服务的诚意和对咨询客户的重视。

2. 鼓励用户在微信公众平台推文中留言

用户在企业公号的推文中留言也是一种"一对一"的互动方式，是与推文的作者，即企业的代言人互动，也是企业提供"一对一"服务的绝佳阵地。

这种"一对一"互动的特点是，互动服务结果不仅作者和留言者可以看到，其他的阅读者也可以看到。

因此，企业要特别重视精选留言，并做出有利于塑造企业良好形象和促进产生更多留言互动的留言回复，留言回复本身也是一种不容忽视的"一对一"服务途径，如图 12-2 所示。

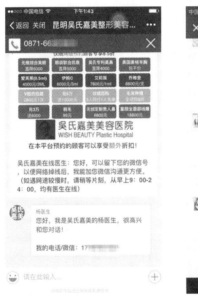

图 12-2

案例 2　海底捞服务号的留言回复

海底捞服务号中的留言回复非常生动接地气儿，推文小编几乎会对每一条留言都做出回复，并且很幽默诙谐，把用户当成朋友般聊天，完全没有一般企业客服的约束和生硬，最大程度地营造出了一种非常轻松诙谐的互动氛围。

3. 建立客户群

利用专门的时间来解答客户问题。企业与客户进行"一对一"沟通的另一大途径是客户群。

许多企业都建有客户群，但对客户群的管理和服务却并不到位。

因为疏于管理，客户群内鱼龙混杂，大家常常发一些与企业无关的消息和广告，在信息量庞杂的客户群里，企业发消息很难引起关注，鲜有人回应。

因此，企业需要对客户群进行有效管理，顺和健康客户群的案例就值得企业借鉴。

案例3　"顺和健康"客户群的规则

见图12-3，顺和健康建立客户群后，为了更好地与客户进行一对一沟通，对群内发言和咨询时间进行了严格规定。

"顺和健康群友情提示：为使大家有一个安静和谐的交流环境，群内禁止任何形式的广告、投票、点赞、公益、红包以及与健康无关的内容。晚十点之后，早八点之前，为静默期。"

另外，顺和健康客户群设定每周三晚为客户沟通互动时间，安排有中医讲座，并有值班中医进行一对一的健康咨询。

通过中医讲座吸引客户参与互动的同时，鼓励大家咨询互动，拓宽了中医馆与客户的一对一沟通渠道。

图12-3

4. 指定客户专员

与客户加好友，进行线上线下"一对一"精准沟通。对于企业的精准客户以及 CEC 客户，企业应深度利用好与客户接触的每个点，指定专门的客户专员服务客户，主动创造更多的"一对一"服务机会。

可以通过与客户加微信好友，直接通过图文、语音信息进行实时互动，获得用户的想法与需求，也可以在客户朋友圈点赞留言互动等，通过一对一深入互动，将弱关系发展成强关系。

这一环节对客服的素质要求较高。在线客服的工作看似简单，其实对于用户黏性起着十分重要的作用，能否及时解答用户提出的问题对一个客服是非常重要的，直接影响到交易的成败。关于在线用户的一对一沟通我们会在后面的课中具体讲述。

企业也可以从线上到线下，邀请客户参加企业活动，同客户进行面对面交流，这样的切身体验，具有虚拟网络无法替代的优势，可以获得客户更精准的信息，也可以得到客户与真实世界相联系的信任，从而与客户建立更持久、更富黏性的关系。关于线上线下互动沟通我们会在后面的课中具体讲述。

"一对一"服务不仅提高了企业提供服务的效率，而且加强了企业与客户之间的沟通，增进了感情与信任，让消费者不再感到为他们提供产品的企业遥不可及，而是如朋友一般就在他们身边。

这种客户联系才是高度参与和高度稳定的，并且是双向的、互动的、长期且面向未来的。

二、"定制化"服务

企业在"一对一"服务的基础上，必须考虑到作为单个客户的特质和偏好，为客户提供专业的跟踪关怀服务，有针对性定制化的服务才会让客户真切感受到企业的诚意。

"定制化"服务不是仅仅依靠互联网提供送货迅速、品质优良、价钱便宜的商品和优惠折扣、免费赠品等回馈，定制化服务需要感知客户的需求，让客户认同企业提供的回馈优惠以及关怀服务。

事实上，没有最好的服务，只有最合适的服务，为客户量身定做的服务才是最合适的服务。

"定制化"服务建立在微信公众平台，企业可以通过以下几方面对客户"粉丝"进行"定制化"服务：

1. 针对新关注客户"粉丝"制定特殊服务策略

在关注企业公众号的客户或潜在客户中，大多数客户或潜在客户处于潜水状态，他们会阅读企业推送的信息，却从不留言或参与互动，甚至还有一部分客户"粉丝"从不点击阅读企业推送的信息。

通常是许多刚关注企业公众号的客户或潜在客户会对公众号推文表现出关注的热情，但是等阶段性的关注热情减退以后，可能就不再关注企业的推送内容了。

这就要求企业把握好新关注客户"粉丝"的热情阶段，为其制定出具有针对性的服务策略。

（1）在自定义回复之外，为新关注"粉丝"送去一对一的问候。

（2）对新关注"粉丝"进行数据分析，送去其所关注的信息。

（3）公众号举办活动时，针对性地邀请新关注"粉丝"参加。

2. 针对活跃性或贡献性客户"粉丝"，鼓励和激发其参与度，实行客户"粉丝"会员制+个性化奖励制

企业在与客户建立联系时不仅要注重联系的频率，更要注重联系的质量。在微信公众平台，企业单向为客户推送信息，只能保证信息的精准投送，并不能保证客户会打开信息、阅读信息、接受信息并理解企业推送信息的意图。

"粉丝"会员制就是在引入大数据后，鼓励"粉丝"多关注企业微信公众账号推送内容，把平时对该企业公众账号关注度和活跃度高的"粉丝"筛选出来，并升级为会员。对会员"粉丝"采取更周到的培养和维护，减少盲目培养的成本。

案例 4　罗辑思维

提起"粉丝"会员制，公众号"罗辑思维"是一座绕不过去的大山，因为在微信公众号中这一做法的开山鼻祖即是众所周知的"罗辑思维"。

2013 年 8 月 9 日，《罗辑思维微信公众平台》推出"史上最无理"的付费会员制，招募 5000 个普通会员，会费 200 元；招募 500 个铁杆会员，会费 1200 元。这个消息一经公开，不少人都抱着看笑话的心态等结果，但这 5500 个会员名额却只用 6 小时就宣告售罄，"罗辑思维"公众号成功入账 160 万元。

"罗辑思维"的创立者罗振宇则轻描淡写地说了这样一句："爱，就供养。不爱，就观望。"

"罗辑思维""粉丝"会员制的成功，具有其得天独厚的基础，譬如罗振宇本人的资深媒体电视人背景以及"罗辑思维"公号中表现出的超越时代关心人类命运的哲学情怀等。

对于普通企业来说，运用入会费的形式来吸纳"粉丝"会员也许会贻笑大方，但是"粉丝"会员制也可以看作是一种可实现的"定制化"服务，中小企业可以实行免费成为微信"粉丝"客户会员制度，这样做可以很快拉近企业与关注了企业微信公众号的"粉丝"或客户之间的情感距离，即刻产生一种亲密的感觉。

企业可以通过对微信"粉丝"客户会员建立常态化的奖励机制，使"粉丝"会员终身享有产品优惠的权利，这种有别于普通"粉丝"的尊贵待遇，会使这些"粉丝"比其他普通"粉丝"更愿意与企业进行互动，也更愿意消费企业相关产品或服务。

3. 培养向客户学习的心态

耐心聆听客户的反馈，提供客户可定制的个性化产品，满足客户个性化需求。我们强调企业要"低姿态"，而是应该摆正位置，放低姿态，以客户为导向，建立向客户学习的意识。

客户可以直接反馈自己的消费需求或体验感受，沟通之后商家可以更加直接地了解消费者的需求以便改进产品，这同样也是定制化营销的要求，更是人性化服务的一种表现。

20%的客户创造80%的价值。企业在定位到自己的精准客户，尤其是价值观趋同、活跃度较高的客户后，可以推行独一无二的私人定制产品或服务，满足客户个性化的需求。

时代的发展使得人们对于产品的个性化要求越来越高，定制化服务的需求越来越迫切。为了更好地提高客户满意度，企业在提供服务时必须走一对一定制化道路，这样不仅可以提供更令客户满意的商品，而且可以密切与客户的联系，更贴近客户内心。

企业需要借助数据分析或数学建模的能力，运用洞察力，深刻理解其用户所偏好的个性化定制或服务。在此基础上，最让客户欣然接受的是没有痕迹的营销。先思考客户想要什么，然后提出与之契合的内容，让客户觉得企业深刻了解其买点，随后奉上量身定做的解决方案，这样培育出来的客户关系就是长期而稳定的，而不是一锤子买卖。

三、"有形性"服务

传统的服务更多地表现出无形性的价值，因此，我们称服务为软件产品。在许多情形下，服务是无形无质的，客户感觉不到它的存在，也体会不到它的价值，这让客户很难针对服务情况进行有效的评价和比较。

在移动互联时代，无形服务因为互联网而变得有形。例如，客户可以随时随地通过移动终端对自己体验过的各项服务进行评价，且评价内容可以通过互联网来适时分享。

现在许多消费者热衷于把接受的各种服务拍照上传到各种社区、朋友圈或直接发送给亲友，企业可以利用这一点来使得自身的"无形服务"转化为"有形服务"。

"有形性"服务，实质是"移动互联+社交"结合而成的产物。

企业要提供"有形性"服务，以下两点不可或缺：

（1）移动化互联。微信平台是移动互联的一大入口，以智能手机为载体，用户随时随地分享身边事，使每个人得到的服务都可以得到分享和传播。

（2）要注重社交互动。通过线上线下活动来拓展或分享服务，使线下活动在某种程度上成为线上交流传播的时间、空间方向上的延伸。

在微信公众平台中，企业可以利用客户的对比或参照心理，鼓励成交客户分享自己的产品使用心得或服务的体验，从而将服务由无形变为有形，促使更多的客户想了解企业所提供的服务或价值，并刺激他们产生体验同样服务的需求。

当然，要想让消费者自觉传播企业的产品或服务，除了产品或服务本身具备让人惊叹的属性，让人有拿起手机拍照的冲动并自发传播出去以外，还要延展出一些能够成为传播话题的内容来。

对于非服务型企业，要设计出自身产品所附加的"免费服务"元素。通过超出一般标准的服务来赢得消费者的自发传播。产品附加的"免费服务"元素感动了客户，使其能够拿出手机拍照上传，通过微信或其他互联网平台进行病毒式的传播，"有形服务"在传播中就会声名远播。

在微信公众平台中，企业还可以运用微社区、生活圈、微问卷等来获取服务反馈，不断调整服务方式，提高服务水平，使客户"粉丝"得到更优质的服务。

企业也可以通过举办线上、线下相结合的互动活动，使得"有形性"服务在线下活动中得到体验。

在以客户为导向的微信精准营销中，企业要与客户保持高度互动，并自始至终提供"免费且贴心的服务"。

只有真正做好服务，从服务入手，巩固客户，为客户提供服务和价值，才可能实现精准营销，这也是微信平台所倡导的价值观。当然，服务和营销也是紧密相关的，做好服务，营销自然会水到渠成。

案例5　微信助推南航新变革

到2013年1月15日，微信用户突破了3亿，微信不仅是一种简单的聊天软件、社交平台，更成为了一种新的生活方式。那么，对于南航而言，微信到底是什么？

南航是国内最早一批利用微博等社交平台进行营销和服务的航空公司之一，之后微信悄悄进入每个人手机的时候，南航在业内率先布局微信营销。

2013年4月26日，在《商业价值》杂志联合ITValue举办的"2013制造业转型升级中国行系列论坛"上，南航总信息师胡臣杰公开讲授南航微信的秘密，揭开了南航微信的神秘面纱——"南航微信，不做营销，只做沟通和服务"。胡臣杰说，在南航，微信是一种沟通方式。

南航在微信平台利用方面的最大亮点就是"微信值机手续，业务查询办理，提供个性化服务"。2013年1月30日，南航微信发布第一个版本，并在国内首创推出微信值机服务。随着功能的不断开发完善，机票预订、航班动态查询、办理登机牌、里程查询与兑换、出行指南、城市天气查询、机票验真等通过其他渠道能够享受到的服务，用户都可通过与南航微信公众平台互动来实现。在过去，实体店、PC、电话都是人们出行时购买机票的主要渠道，而现在仅仅用手机就可随时随地完成机票预订、航班动态查询、办理登机牌、里程查询与兑换、机票验真。南航运用LBS以下的功能给消费者带来更好的用户体验，围绕目的地展开的出行指南、城市天气查询等资讯服务，全方位考虑顾客需求，降低了乘客时间成本、搜寻成本、精神成本。在此基础上，推出目的地相关产品，例如，在微信搜索广州飞哈尔滨，除了弹出机票信息外，还有游玩冰雪大世界的优惠信息等。

2013年4月25日，南航微信用户达到20万人。其中有2万~3万人通过微信绑定了明珠会员卡，绑定后，用户可以直接通过微信获取里程查询、里程累计等会员服务。截至2013年11月26日，南航微信公众账号"粉丝"量突破100万大关，且仍以每天4500~5000人的速度增长。南航把移动端的"粉丝"与传统的CRM（客户关系管理）的数据库打通，可以适时了解到顾客、"粉丝"与会员之间的内在联系，势必会建立起更加庞大的社会化客户数据库（Social Customer Data Base），帮助南航构建有效的目标客户沟通网络，同时为客户提供更精确的信息服务。也正是由于对微信的重视，如今微信已经跟网站、短信、手机APP、呼叫中心，一并成就了南航的五大服务平台。

除了用于外部客户沟通外，南航还将微信引入内部交流中，但却绝不仅仅是建个微信群那样简单。"OA（Office Automation）、内部 IM（Instant Messenger）工具、邮件，是南航员工每天打交道最多的 3 个系统"。在 ITValue 的微信群讨论中，胡臣杰分享说，"现在，还有微信管理圈"。这个微信管理圈，指的是南航管理层的一个微信群，高层领导们经常在微信群通过文本或者语音的方式，进行重要任务的安排、沟通。胡臣杰也提到，微信对于南航而言还是一种服务方式。在 ITValue 社区 CIO（Chief Information Officer）会员的讨论中，一种被普遍接受的观点是：广义上来说，所有的企业都是制造业，都是在制造产品或者服务。同样，微信对于南航这样一家以"服务"为产品和核心竞争力的企业来说，也必将承担起"以服务为中心"的使命。"当今，渠道和客户尤为重要，这其实体现的是一种关系。"胡臣杰说，"南航已经全面推进，通过微信来简化商务"。

微信正在南航这家传统的国有航空企业中助推一场新变革——传统企业互联网化——对外以沟通为主，对内以协作为主，背后则是信息化系统的整合与互联网基因的塑造。

"微信产生的收益，最主要的是为旅客带来了更好的体验，完善了南航的全流程体验服务。另外，在业界赢得了一些声誉，也带来了一定的经济效益。"胡臣杰进一步说道。这种驱动型 IT，不仅为南航带来了巨大的经济和社会效益，引领行业的创新与发展，还带来了"立足于服务"的竞争优势。此外，作为移动互联网的"超级入口"，用户可以在微信上订阅各种内容和服务。微信俨然已经成为一种生活方式。

资料来源：中国管理案例共享中心案例，有删减。

＜课后小结＞

1. 在微信营销平台中，我们着重提出"一对一"服务

只有"一对一"，才能准确把握客户的需求，为客户提供满足其个性化需要的服务。微信交流是一对一、双向的沟通交流方式，企业公众号也可以实现一对一的互动交流。

2. 企业在"一对一"服务的基础上，必须考虑到作为单个客户的特质和偏好

为客户提供专业的跟踪关怀服务，有针对性地定制化服务才会让客户真切感受到，没有最好的服务，只有最合适的服务，为客户量身定做的服务才是最合适的服务。

3. "有形性"服务，实质是"移动互联+社交"结合而成的产物

企业要提供"有形性"服务，以下两点不可或缺：①移动化互联，②要注重社交互动。

第13堂课

竭尽心力：调制"精准营销"的鱼饵

< 课前提问 >

1. 什么是"鱼塘理论"？该理论与微信营销有什么样的联系？

2. 如何"调制"有吸引力的鱼饵呢？

3. 微信营销中所强调的用户体验的含义是什么？

< 本课重点 >

　　上两堂课我们强调了精准营销的重要性，提出了几个开展精准营销的手段。本堂课从著名的营销"鱼塘理论"入手，围绕"获客"和"活客"详细解读了公众号粉丝的内心需求。

一、调制"鱼饵"是唯一捷径

在服务为先的基础上，企业开展微信营销要强调"润物细无声"的营销效果，这就涉及营销策略的实施。

说起营销策略，许多企业建立微信公众平台后，似乎找到了免费做企业广告的捷径。

微信营销平台直接变成了企业广告的一个释放口，每天各种企业广告轮番轰炸，但是归根结底，"萝卜三碗，三碗萝卜"，其实就是那么点事儿。

这是一点不去研究营销策略只做简单无效劳动的表现。

营销策略，说通俗点，就是要让营销广告以最容易被目标客户接受的形式出现，营销策略最高的境界便是"随风潜入夜，润物细无声"的方式方法。

营销理论中著名的"鱼塘理论"与微信营销理念比较契合。

"鱼塘理论"将客户比喻为一条条游动的鱼，把客户聚集的地方比喻为鱼塘。"鱼塘理论"认为，企业应该根据自身的营销目标，分析鱼塘里面不同客户的喜好和特性，采取灵活的营销策略，让愿者上钩，最终实现整个捕鱼过程的最大功效。

这其中包含了以下几个重要信息：

（1）企业在微信中建立的营销平台就是一个属于企业的鱼塘。

（2）企业微信营销平台中的客户就是有各种不同喜好的鱼，每一条鱼对鱼饵都非常挑剔。

（3）企业先要吸引鱼儿到自己的鱼塘来，然后再对鱼塘里的鱼儿进行二次吸引乃至多次吸引，如此循环。

（4）企业在微信营销平台中推送的信息和活动就是鱼饵。

因此，企业在建立微信营销平台这个鱼塘后，首先要做的是吸引鱼儿到自己的鱼塘来，所有被吸引来的鱼儿都是企业微信营销平台的粉丝；其次才是吸引自己鱼塘里的粉丝转化为客户。

这实质上就是前面讲到的"获客"过程，下一步就是要搅和自己的鱼塘，即"活客"过程。

这两个过程都有一个共同点，即要针对微信粉丝大市场投放大量有诱惑力的"鱼饵"。

　　当企业的鱼儿也就是潜在客户，在微信的海洋里接收到企业"鱼饵"信息，对微信公众号进行关注，进入企业的鱼塘后，企业还要投放更精准的"鱼饵"，才能使得潜在客户对企业或者是产品产生兴趣。

　　许多企业虽然在公众号建设上做了不少功课，但是运营却依旧陷入营销窘境，其原因是在公众号的运营上陷入了这样的怪圈：点击阅读量低→归结为粉丝量太低的原因→付费做营销活动加粉→粉丝量提升→点击阅读量短暂提升，随后复原→粉丝加速流失→阅读量和粉丝数又恢复原状。

　　归根结底，即"鱼饵"没有足够的吸引力和诱惑力！

　　在整个过程中，企业除了"鱼饵"，没有其他办法对进入鱼塘的鱼进行较好控制，鱼儿来去自由。

　　因此，调制"鱼饵"才是企业钓到大鱼的唯一捷径。

　　在微信营销平台中，这些"鱼饵"，就是微信内容。

　　看到这里，企业都会明白，微信内容有多重要了吧！

　　微信内容不仅是指微信推文，还包括微信营销平台的细节构建、微信互动活动以及隐含于其中的微信营销策略的运用。

　　前面我们花了较多篇幅阐述如何运用工匠精神构建微信平台，以及如何吸引推广公众号"获客"，现在着重讲解微信营销策略的运用。

　　从精准营销的角度来说，企业不可能吸引到所有的"鱼"。在"'公众号'如何推广"中已讲过企业应该利用现有客户资源以及各种推广手段来吸引已有客户或潜在客户关注企业公众号。

　　那么现阶段，企业需要自检，你的企业公众号究竟有多少粉丝呢？不同企业要根据所处行业的不同对自己的粉丝量有一个衡量评判。如果你的粉丝量不足以开展广泛营销，不妨稳扎稳打，多投放"精准营养鱼饵"，先做好服务维护好关系，再开展精准营销。

　　当然，鱼塘营销最大的奥妙就在于有所舍才会有所得。你要舍什么？舍的是鱼饵。鱼塘营销肯定是需要鱼饵的，没有鱼饵你就吸引不了鱼，也无法持续地养鱼。

　　鱼饵除了企业本身的特质、行业背景、企业价值观、企业产品或服务之外，还需要配制调加各种调料，例如，一篇故事营销软文、一个小游戏、一次投票活动、一次直播、一场线上线下活动等都是可调配的鱼饵调料。

　　那么，中小企业究竟该怎样在微信营销平台中调配鱼饵呢？

二、价值感：请不惜一切创造"客户价值"

企业首先需要拷问自身：你抛出的鱼饵能带给客户的吸引力究竟是什么？

概括来说，企业的鱼饵需要带给客户的核心吸引力即"客户价值"。价值感是客户所需要的核心，但是这一点客户从来都不会明说。

案例1

如图 13-1 所示，先来看看 Roseonly 把昆明大街上十元钱一把的玫瑰花卖到了多少钱？

经典永续 朱砂
鲜花玫瑰 80cm长形
¥1999.0

恒久真爱 朱砂
鲜花玫瑰 40cm长形
¥1999.0

图 13-1

那些辛辛苦苦抱着鲜花玫瑰在大街上叫卖的卖花姑娘禁不住要问：凭什么呀？

是呀，Roseonly 凭什么高溢价呢？

一个词就可以回复：价值！

与所有奢侈品一样，Roseonly 是鲜花中的奢侈品，走的是高端路线！

Roseonly 的鲜花玫瑰与大街上卖花姑娘的鲜花玫瑰的不同是，前者所表现的价值，不仅只是玫瑰鲜花的娇艳和新鲜，而是打上了爱与故事的标签，它不仅只是单纯的鲜花，更代表的是贵重的情感和爱！

在 Roseonly 官网购买玫瑰填写个人资料后，会收到一份温馨提示：Roseonly 的玫瑰，一辈子只能送给一位佳人。

Rose 代表"爱情"，Only 代表"唯一"。Roseonly 主打"一生只送一人"的爱情唯一理念，从你注册时就确定你这一生只能送给一个人 Roseonly 的鲜花玫瑰，不能更改。在爱情泛滥的今天，这个定位不能不说一举击中了许多年轻女性的心理诉求，说出了一个让大家向往的故事，把一朵容易凋零的鲜花玫瑰变成了一生的誓约，不是钻石，恰似钻石，一朵恒久远！

但是，简单地为鲜花玫瑰注入情感并不足以支撑客户从 Roseonly 得到的价值，Roseonly 专爱花店的创始人兼 CEO 蒲易先生解释道："我们到全世界去找最好的玫瑰，找离天堂最近的玫瑰花，欧洲皇室结婚用的玫瑰花，俄罗斯巨富或者是好莱坞明星用的玫瑰花。这种花生长在厄瓜多尔，因为它地处亚马逊河流域，离赤道最近，所以离天堂最近，那里能生长出这种花茎 1.5 米长，花朵犹如心脏般大小的玫瑰。Roseonly 专爱花店的筛选标准严苛到即便是全球最好的玫瑰供应商，我们也只能从一百朵玫瑰中选出一朵合格的玫瑰花。在厄瓜多尔选一次运到北京之后我们会再进行一次挑选。"

"为了防止交叉感染，我们要求每剪完一朵玫瑰就更换剪刀或者进行消毒，工作人员全程戴手套操作。我们准备了一种进口吸水盒，其中的吸水海绵可以保持水分又能上飞机，这种盒子从荷兰进口，每个运费就要 8 元钱，还有从韩国进口的保鲜膜，同时保证运输全程 2℃的恒温和 70%的湿度。"

"所有玫瑰进口后在北京由联邦或顺丰运往全国 300 多个城市，这一块我们有严格的规定，比如盒子要向上放，24 小时送达，详细的协议可以划分品牌与物流双方的职责，当然，我们的运送费用也达到了 100 元钱一盒花。北京市内则由 Roseonly 专爱花店自己人开 Mini Cooper 运送，派送员都是帅哥，在 2013 年圣诞期间还请人气极旺的男模张亮来代班送花。"

简言之，我们不知道这样做究竟是不是有助于增加鲜花本身所带来的美好，但是毋庸置疑，收到这样被如此呵护花朵的人都会有备受恩宠之感。

名人站台、明星送花、豪车送花等一系列附加值极高的营销手段，让 Roseonly 的鲜花玫瑰的价值巨飙。

于是，Roseonly 巧用数字意义，将 3 朵玫瑰售价 520 元，意为"我爱你"，12 朵玫瑰售价 1999 元，意为"天长地久"，18 朵玫瑰售价 1314 元，意为"一生一世"。

那么，你会突然发现，这玫瑰一点都不贵，而且超值！

当然，我们不是要企业去复制 Roseonly 的营销策略，而是引用 Roseonly 的案例，为我们认识企业如何为客户提升产品或服务"价值"的问题打开一道灵感迸发的通道。

不论你的企业处于哪个行业，请不惜一切来创造"客户价值"吧！

作为普通的中小企业，究竟该怎样来创造客户价值呢？该怎样打造一个真正有价值的公众号呢？

其核心只有一点，即突破禁锢，打通客户思维！

客户思维，是指站在客户的角度，从客户的需求出发来提供有价值的产品或服务，吸引价值观趋同的客户与企业共成长！

这也是客户导向时代的核心，价值是因客户的需求而生。

案例 2　微信平台本身在提供价值方面几乎做到了极致

2010 年 10 月，一个产品的发布在互联网行业一石激起千层浪：Kik Messenger。这个专为移动而生的应用，可以在不同的手机终端实现图片的信息沟通，秒杀短信和彩信，它的体验好，甚至让当时的手机巨头黑莓都在自己的手机平台封杀它，一时间国内市场上 Kik 软件如雨后春笋般地出现。

作为国内即时通信领域最大的垄断者，腾讯自然不会对这一市场的变化无动于衷。随即，一个由张小龙带领的 10 人团队，开始投入微信的开发中，当时的目标只有一个字：快！在马化腾的眼中，移动互联网的布局，无疑关乎着腾讯的未来。因此，仅用了不到两个月的时间，微信便于 2011 年 1 月 21 日在 iOS 平台发布了它的 1.0 版本。

1. 技术追赶：基础语音功能的微创新追赶

微信的第一个版本，其核心思路如同其口号一样简单"能发照片的免费短信"，虽然这和竞争对手相比没有什么特别之处，但却代表了微信启动时最原始的产品诉求。由于难以形成差异化，该版本在国内市场并没有受到太多的关注，但积攒下来的少数尝试性用户却给产品带来很多宝贵的建议和反馈。在接下来的 3 个月，微信团队根据这些用户提供的线索不断优化程序，持续改进包括收发速度、流量节省等细节内容，但该软件在市场的表现一直不温不火。

2011 年 5 月 10 日，微信发布 2.0 版本。广研借助 QQ 团队研发的语音聊天技术，首次在这个版本里推出语音对讲功能，给微信带来了大量的新增用户。语音功能并非微信独创，国外的 TalkBox 就是语音功能的先行者，不过，就微信从用户的使用习惯出发，这种免费语音的具体呈现方式，做了大量的微创新改进。其中一个改进就是距离感应器：当距离感应器没有发生感应时，语音对讲功能就默认为扬声器播放，而只要把手机贴近耳朵，感应器就马上自动调整为听筒模式，这种细节性的改善，让用户避免了大众场合"被广播"的尴尬，方便在会议、地铁等不方便使用扬声器的场合进行接听。同时，微信可以用 QQ 号码登录并查找 QQ 好友，可以通过微信来接收 QQ 离线消息和邮件，这些细节让微信迅速和米聊等竞争对手站在同一起跑线上，用户尽管接触到的还是那些底层技术支持下的基础应用，但感受到的产品体验与其他产品相比却有了不同。

2. 基本超越：由强关系链拓展至弱关系链的微创新超越

2011 年 8 月 3 日，微信 2.5 版本在国内率先推出"查看附近的人"功能。另外，QQ 邮箱的漂流瓶功能也延伸至微信上。微信借助这两个应用，突破熟人沟通的边界，直接进入陌生人交友的应用区间。微信 2.5 版本推出的第二天，陌陌这款纯粹定位于 LBS 陌生人交友的应用也在苹果商店上线。LBS 技术（基于地理定位技术）以及基于 LBS 技术实现的友邻社交应用都不是微信的首创，微信只是将 LBS 和语音对讲打通，但微信也并不是第一个把语音聊天和 LBS 相结合的，韩国的女同性恋交友软件 EL 在 2011 年 2 月发布的 1.5 版本中就已经列出了其他用户和本地用户的距离、所在城市，并按照从近到远排序，方便用户交流。

但是，微信产品所采用的模式，则是基于从前几个版本中洞察到的用户需求。微信的开发者观察到微信的签名栏中经常出现很多实实在在的陌生人需求，比如拼车上下班、二手商品出售。考虑到让有不同生活需求的陌生人产生进一步联系，微信的功能需要更加生活化。为了满足这种洞察和考虑，微信为用户提供了查看附近人的头像、昵称、签名及距离等功能，由此把不认识的人圈到一起，突破熟人的紧密关系链，进入了类似微博一样由某种共同点维系在一起的弱关系链。由此一来，微信新增好友数和用户数第一次突破 QQ 原有的用户群边界，并迎来爆发式增长。这种"强弱关系链"的转换，把不认识的人圈到一起，成为微信用户增长的一个重要里程碑。

3. 完全超越：快速微创新实现超越

2011 年 10 月 1 日，微信 3.0 版本率先采用摇一摇功能，借助动作的一致性匹配找到同时晃动手机的人，形成新的随机性社交关系。

2011 年底，推出的微信 3.5 版本采用了一个极具战略价值的功能——二维码，通过扫描或在其他平台上发布二维码名片，用户可以不断拓展微信好友。摇一摇和二维码功能被业界普遍认为是微信实现绝杀竞争对手的微创新，这两项功能虽然都是微信在国内产品上的首创，但仍在一定程度上复制了国外相关产品的先进技术。比如2011年8月16日发布的聊天产品LINE（日本），新增Shake it!（摇手机加好友）和QR码（二维码的一种）添加好友的功能。

不过，这两个功能在微信上大获成功而广受用户青睐，还是因为微信在细节上比国外先行者要做得好很多。比如在摇一摇的第一个版本中，晃动手机之后的效果除了震动之外，听觉上是响亮的来福枪上膛声，视觉上女性用户呈现为维纳斯雕像，男性用户则是大卫雕像。

4. 国际化拓展：国际化版本和广播电台接驳

中国互联网企业历史上有许多开创性的产品，不论在理念上，还是在模式上均大幅领先于欧美公司，比如百度的问答和百科。然而中国的互联网公司只是将眼光聚焦在国内市场而忽视了拓展国际市场的机遇，因此只发布中文版，从而失去国际化的最佳契机，但是微信的规划却并非如此。微信的前3个版本都只有中文版，但到了3.5版本，微信在中文版的基础上叠加了英文、法语、德文等12种外文的国际版，目前的语种已经扩充到19种。除了语言，微信在用户体验上也跟随语种一并做出诸多微调，以适应当地市场的用户偏好。作为发布国际化版本的直接结果，微信在2012年一举拿下15个国际市场的苹果商店社交类应用下载量第一，其中既包括华人聚居的新、马、泰，以及中国香港、中国澳门和中国台湾，也包括华人占比不高的拉丁美洲和中东诸国。目前，微信的海外用户已经超过4000万，与美国的WhatsApp、韩国的Kakao talk、日本的Line并列为全球4大手机即时通信工具。

除了微信国际版本的迭代，在这个阶段，还有一个有价值的拓展，微信首次借助语音通话的业务本质尝试叠加广播电台运营辅助模式。微信新增加的模块可以让广播电台的主持人通过一个简单的后台，随时发布语音信息并管理听众的反馈信息，实现真正的交互式电台播放。这一模块的出现，打破了以往广播电台主持人冷冰冰的播报以及伪造听众短信的模式，开启了一种鲜活生动的互动演播。这个模块随后被众多传统广播电台所采用，主持人积极主动地持续告诉他们的听众："用微信爆料更方便、安全。"这种状况像极了媒体不断引用微博内容的局面。而开心网、新浪微博、百度百科等创新惯例告诉人们，一旦传统媒体开始主动地免费宣传，该产品就已经成功了。

5. 平台化创新：以微创新方式将工具变成平台

米聊的"熟人社区"最早将QQ空间那种在好友关系链上分享图片等信息的功能集成到手机上来。微信4.0版本精妙地构建了一个允许用户将文字、图片、音乐、视频等资讯内容基于个人的私密关系链实现小范围流转的模块，微信团队将此模块命名为"朋友圈"。朋友圈的模式同样也不是微信首创，微信4.0版本发布时，业界基本上一致认为这一模式是抄袭Instagram或Path。但是几乎没人发觉微信"朋友圈"里蕴藏着的微创新，也看不到这是在QQ关系链上做社交网络服务的有机尝试，以及微信如何借助各种局部的改善来规避对用户体验可能的伤害。另外，业界也没有看到接口公开介入第三方内容后可能的结构性变化。当业界其他竞争者只是对其他产品的关键功能进行单纯的复制抄袭时，微信与竞争者的距离正在不断拉大。

微信"朋友圈"最早用"图片"分享作为最直接的切入点而不是编写"文字"，设置巧妙且好玩，用户在微信上分享照片，进而养成了愿意分享一切喜欢内容的使用习惯。为了将关系链微妙的用户体验处理到位，微信团队对于原本简单的Path模式做了非常精细化的改造。例如，对用户关系进行精密的隔离与控制，强关系链范畴内的好友才可以同时看到并且评论，不同关系链内的内容隔断并有精确的衔接点。

在微信4.0版本之后，可流动的内容拓展到几乎所有手机上能够阅读的内容，微信朋友圈的兴起，几乎在一瞬间消除了腾讯的两大忧患。除了米聊等同类产品的没落，腾讯另外一个竞争对手新浪微博也遭遇到重大打击。有关数据显示，2012年全年，新浪微博的活跃度同比下滑至少30%，而在那一年，3亿微信用户的朋友圈活跃度上升到60%以上。很多用户前几年养成去新浪微博分享和找好玩内容的习惯，在2012年变成了打开微信朋友圈分享和寻找好玩内容。

6. 跨界迭代扩张：迭代到更加广泛的价值空间

在这个阶段，微信继续推出的高质量创新服务多到让人眼花缭乱。4.0版本至4.5版本期间，微信先后推出了语音/视频通话功能、微信网页版、企业公众账号关注、信息订阅功能等。这些功能发布本质是微信仰仗通信工具的业务基础，进入多个原本不属于腾讯公司的价值区间。微信的语音/视频功能直接颠覆的对象是电信运营商，用户不仅不需要支付短信费，也不需要再单独购买视频通话的3G服务。

2014年春节，多姿多彩图文动画形式的拜年微信信息转瞬间取代了拜年手机短信，持续增长十多年的中国移动在 2013 年短信收入锐减，整体业绩也步入零增长阶段。中国移动随后借助舆论弹劾微信，并以"占用了更多的信令资源"为由，谋求对微信收取更加高昂的移动互联网通道费。然而从长期来看，微信网页版基本替代了中国移动飞信，实现打通电脑和手机的功能。微信企业公众账号的推出，对新浪微博平台上的口碑营销价值链形成了巨大冲击，大批营销账号开始迁徙至微信。

7. 移动商业帝国初成：微信商业化时代的到来

微信 5.0 版本主要围绕着一个中心点——微信商业化如何做，增加了多项新功能，同时调整了多项老功能。如何做到商业化不伤害产品，而产品又能托起商业化诉求，这是对微信 5.0 版本的最大挑战。首先，是微信支付，作为 5.0 版本新增功能，微信支付支持 Web 扫码支付、APP 跳转支付和公众账号支付，并且强调一键支付即用户绑定一张银行卡，再设定微信支付密码，之后的每一次支付，只要输入微信支付密码即可，这意味着微信线上线下交易形成闭环。其次，扫一扫功能也得到改进，微信 5.0 版本的"扫一扫"功能包括：二维码、条形码、封面、街景、翻译，每个功能都可看成是某种商业化尝试，为微信的商业化提供了无限可能。再次，微信游戏也是微信 5.0 版本商业化的一种尝试，微信 5.0 版本的启动页是一款"打飞机"小游戏，这款经典游戏一上线就迅速爆红，几乎全民参与到打飞机的游戏中。微信游戏平台具有极大的潜力，行业前景也倍感乐观。最后，微信 5.0 版本还将公众账号分成了订阅账号和企业账号。通过微信公众号，更多的商家正在激活、丰富用户体验。例如，中信银行卡愿意为每一次微信支付优惠 5 元；自助售货机友宝给用微信支付的用户提供"一元购"活动；大众点评则对用微信支付的用户提供"满 38 元减 5 元"的优惠。"我的银行卡"下面的"精选商品"功能已经上线，微信的生态圈正在逐渐扩大。

至此，微信官方开放生态已经涉及微信支付、硬件开放平台、公众平台和企业号等业务，微信正在从一个人与人交流的工具，逐渐进化成一个连接人、硬件和服务的生态系统，通过"连接一切"带来人体的延伸、生产效率的提高和日常生活的便捷。

资料来源：中国管理案例共享中心案例库教学案例，有删减。

被誉为"微信之父"的张小龙说过一句非常霸气的话："用户要什么我们就给什么！"一语点破了微信的用户思维，作为中小企业，是不是每天都在想我们的客户究竟需要什么呢？能不能做到客户要什么就给什么呢？

企业有没有认真研究过，微信公众平台中的"粉丝"究竟需要什么呢？微信公众平台中的目标客户和精准客户究竟需要什么呢？

不少企业的公众订阅号或服务号，打开后完全是企业官网的复制，入眼皆是企业的新闻、奖项等。这些内容或许有利于传递企业信息，加强客户对企业的了解，但是如果满目皆是此类信息，给客户带来的价值感又何在呢？

也有些企业公众号，每天推送的都是企业的促销信息或心灵鸡汤，能不能注入一点新鲜的血液，将促销化有形为无形，通过为客户奉送价值的形式推送呢？

各种营销方式发展到今天，客户多多少少都对企业营销广告类及鸡汤类推送有了免疫功能，时间一长，就连打开看的勇气都没有了，结果是，就算企业推出了新鲜的信息，客户也不再去点开了。

因此，我们从本书开篇就在强调，企业做微信营销平台一定要先做好各种战略和战术准备，分析自身资质，包括人力、物力等，找准目标定位，提供核心价值。

在信息爆炸的今天，客户最想从企业得到的价值可以用一种感受需求来实现，即体验感！

三、体验感："我要的是体验！体验！体验！"

当客户在查看你的产品时，你有没有从对方反复检视的眼光表情中看出，他内心迸发出的呼声是："我要的是体验！体验！体验！干吗塞给我一个生硬的玩意儿，能不能让我听、让我看、让我去感知、让我与它融为一体？"

所有的语言都是多余的，请让客户闭上眼睛去感知，感知你的产品和服务——你的鱼饵，所带给他的声、色、香、味、触、法等，如图 13-2 所示。

早在一波波经济浪潮席卷美国之时，未来学家阿尔文·托夫勒就提出服务经济的下一步是走向体验经济，现在中国市场已经感知到了体验经济正在占据生活的方方面面，逐步成为 21 世纪的经济焦点。

在基于互联网发展起来的自媒体盛行的今天，企业经营模式正在悄然发生着翻天覆地的变化。绝大部分客户已经不再被动地接受企业的广告宣传和营销手段，而是更注重消费体验，对信息的辨别、筛选和反馈更加多元化和个性化。

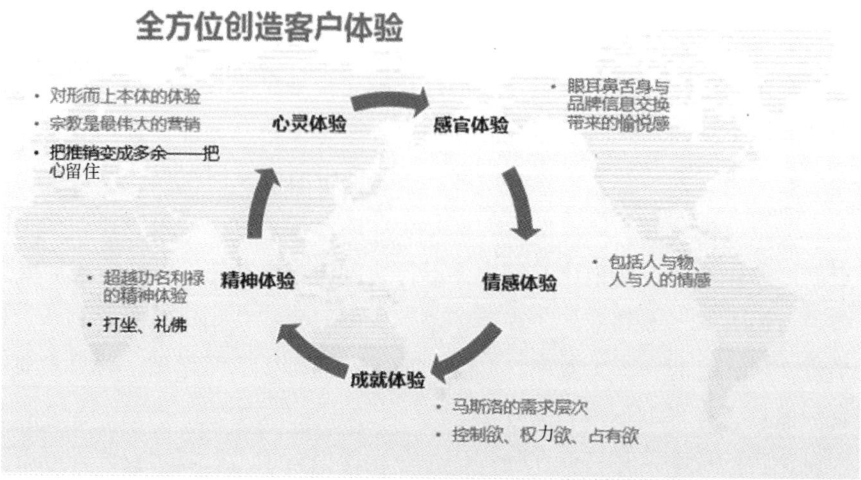

全方位创造客户体验

图 13-2

虽然我们一直处于色彩绚丽的世界中，但是从未像现在这样渴望感知这世界。不得不承认，现在的客户在价值感之外，更注重的是体验感。

企业所要做的是，做一个有温度的企业公众号，尽最大能力去为客户创造体验感，尽最大能力去调动客户的感知欲，营造一种独特的体验和情感共鸣，就会让客户和"粉丝"欲罢不能。

客户所获得的体验可以表现为：

1. 感官体验

企业微信营销平台所传递出的信息对感官带来的冲击，视觉冲击、听觉冲击、味觉冲击、嗅觉冲击、触觉冲击等。

2. 情感体验

包括人与物、人与人的情感。

3. 成就体验

控制欲、权力欲、占有欲。

4. 精神体验

超越功名利禄的精神体验。

5. 心灵体验

对形而上本体的体验，把推销变成多余——把心留住。

对于不同行业性质的企业来说，术业有专攻，所能提供的产品和服务都有自己的定位，但是无论你提供的是什么产品或服务，在微信营销平台中，粉丝们最先体验到的要数感官冲击，其次才是情感与其他高层次的体验。

很多时候，企业习惯自说自话，忘记客户是不是能够接受，或者总是把客户当成技术专家，不理解客户内心深处真正需要的其实只是真真实实的体验。

与祖辈不同的是，我们现在处在一个人造的世界，人造世界的缤纷绚烂促使生活于其中的我们审美在变迁，物质的极大丰富也促使消费主义变成一种时代潮流，人们更追求强有力的体验感。

当然，首当其冲是感官冲击，带给"粉丝"和客户的感受，概括一个字，就是"爽"！

案例1 "舌尖上的杭州"微信平台

如果说一流的大厨才能做出色、香、味俱佳的美食，那么"舌尖上的杭州"则是将美食绝佳的色、香、味，通过微信平台精准传递到粉丝和客户面前的一流公众号。

1. 图片

关于美食的每一张图片所呈现出的都不再只是美食，更给人视觉艺术的享受。

2. 动图

如果说粉丝的定力足够强，那么仅仅奉献美图的冲击力还不够，不妨插入动图。刺激用户瞬间嗅觉、味觉等感官，吃货们口水直流……

3. 推文

仅看图13-3的推文标题"发面看天气，放水听声音，你每天都在这吃生煎，却连名字都不清楚"。

标题时代，这么长的题目不多见，但是放在公众号题目中却一目了然，最大限度地传递出多重信息：

（1）这包子不简单。"发面看天气，放水听声音"对仗而顺溜，引人入胜，不禁让人们对这包子产生了好奇，究竟是怎么做出来的呢？内文中当然会给出答案。

（2）套近乎。"你每天都在这儿吃生煎"似乎很懂你一样，"这儿"到底是哪儿呢？事实上你并不是每天都去"这儿"，但你就想知道这个完全是套近乎的，"这儿"究竟是哪儿？

（3）嗔怪的意味儿。"却连名字都不清楚"，瞬间接收到了颇有挑逗意味儿的情感呵，就像一个熟识的老朋友在跟你打趣，抑或是亲密的朋友嗔怪你对自己重视得不够。

图 13-3

只是一篇推文，带来的不仅是感官体验，也有情感体验，最重要的是，你有没有看出其中的门道儿？

微信平台上，企业要注重对新产品图文并茂的推荐，用户都是"喜新厌旧"，新颖的事物更容易激发目标客户的兴趣。企业定期发布新产品信息，在文字描述上不是直接地推销或者导购，可以采用讲故事的方式，或者互动的方式征询客户对产品的看法和感受。或者用买家秀图文、视频直播等方式来呈现新产品的特点，来最大程度地调动客户的体验感。

新的传播技术改变了信息的形态和呈现方式，微视频和可视化信息成为媒体新宠。在广告领域，微视频营销也成为诸多自媒体创业的"风口"。和传统的电视广告不同，微信视频广告时长一般在4分钟左右，且视频所表现的内容与广告产品的品牌信息、意义和理念契合，摆脱了电视广告向观众的灌输模式，通过有趣或感人的故事，向用户提供强有力的感官体验。

加强感官体验的方式有很多，如包括视觉冲击法、听觉冲击法、嗅觉冲击法、味觉冲击法、触觉冲击法、多觉冲击法等。

但是，说到这里，企业千万不要理解为要奉送一个像大杂烩一样的推文给用户，让用户在阅读推文的同时动用眼、耳、鼻、舌、身，其实企业只需要找到其中的一个或几个点，即可牵一发而动全身给用户强烈的感官体验。

在具体的运作中，企业首先要明确自己目前拥有什么样的产品和服务，然后再根据微信公众营销平台的目标受众群体，进一步提升营销内容的针对性，通过契合目标受众的表达和传递，来激发调动潜在客户的体验感。

微信公众号是一个碎片化、时尚化的信息平台，它的产生迎合了 "碎片化" 时代的需求。在微信平台上，"粉丝" 关注微信公众号，主要是为了得到轻松、快乐、实用等用户体验，而并不是像购物平台一样，是为了购物而来。

因此，微信营销平台上的销售是一种潜在的销售方式，通过文字故事类推文式的潜在营销才不会使 "粉丝" 和客户产生抵触心理。

如果故事性广告与产品相关程度低，与产品目标客户相关程度低，对客户内心需求把握不准，没有最大程度地刺激到客户的内心深处，消费者不痛不痒，效果就不理想了。

如果 "粉丝" 对既有的广告表现手法感到厌烦，非但达不到广告效果，还会大大降低公众号在粉丝和客户心目中的地位。

在如今广告满天飞的网络环境中，仅仅一段宣传文字、一篇广告视频已经远远不能吸引网民的注意，只有打造出有个性特色的原创内容，才能吸引 "粉丝"，会聚具有相同价值观的 "粉丝" 和客户关注企业及其产品。

一个企业能讲好故事，就可以花较少的钱达到更好的营销效果。

案例 2　Michael 钱儿频道

如图 13-4 所示，Michael 钱儿频道首先是一个以声音打动 "粉丝" 的公众号。先来看看介绍："钱儿爸，即韩先生，两获金鹰奖，两获五个一工程奖，语言艺术家。代表作《故宫 100》、《乔布斯传》等，解说几百部国内外经典纪录片。创建 'Michael 钱儿频道' 为孩子们播讲了上千部中外经典绘本故事，该频道常年位居喜马拉雅有声平台儿童频道首位。"

单看介绍，就明白 "Michael 钱儿频道" 会带给 "粉丝" 们怎样的听觉冲击了吧？

很多家长包括笔者本人都把晚上给孩子讲故事的任务直接移交给了钱儿爸，钱儿爸通过微信公众平台变成了所有小朋友最黏糊的 "故事爸爸"。

但是 "Michael 钱儿频道" 所奉献给 "粉丝" 客户的内容并没有局限于听觉

图 13-4

冲击，钱儿全家都是"Michael 钱儿频道"的明星，钱儿妈是中国传媒大学播音系毕业的中英文双硕士，专注儿童双语启蒙与教育 10 年，讲解的英文课程《牛津阅读树》广受孩子们喜爱。看到这里，你会以为钱儿妈也是要给大家带来听觉冲击吧？

No！看看钱儿妈的推文就知道人家是文采飞扬的全面发展型才女。钱儿妈的推文也是篇篇精品，结合自己教育"Michael 钱儿频道"的一对小明星"Michael 钱儿"和"金字妞妞"的实战经验，事无巨细地现身说法，将家庭教育这个话题通过微信公众平台带入了一种全新的境界。

案例 3　有时候在孩子眼中不是事儿的事儿，在我们成人这儿反而会斤斤计较

原创 2017-05-17 钱儿妈 Michael 钱儿频道（见图 13-5）

儿子有个习惯，他在公众场合照顾别人，表现得很绅士。可能在家里和学校耳濡目染的缘故吧，但我经常说他操心挺多的。

帮别人开门、帮别人 hold（扶）电梯门等，每次他都耐心又热情。可有时，我会觉得这孩子体贴过头了。

比如，我们一起出去，他总是提前跑过去帮我们开门，然后等在门边，看着我跟韩先生过去，接着他还会等着后面的人，再后面的人，直到这一拨人都过去

了，他才会微笑着关上门，蹦蹦跳跳地跑过来找我们。

早些时候，每逢此时，我和韩先生都会安静地站在一旁等着他，乐见孩子做一个绅士的小男子汉。

我知道这个生活中的小细节只是他的习惯，对于别人的反馈，他自己并不以为意，他很愿意善意地对待见到的每一个陌生人，但渐渐地，我心里却起了小波澜，用韩先生的话说，"你这个妈有点小心眼儿"。

有时，我看他在那儿帮别人开门，当然大多数人看到他是个小小人儿，微笑着站在门边，都会报以一个很友善的微笑，甚至特意弯下腰跟他说一声，谢谢你，这让我看了觉得无比温暖，可是最近接连几次的遭遇，让我这个当妈的有点 hold（控制）不住自己。

图 13-5

一次是儿子帮我们开门后，看到后面一家人拖着大大小小的箱子，带着孩子，正走过来，他便自然地又守在门边，等着他们过来。我看着那一家子走过他身边，进了门，双眼直视，对站在门边的他视若无睹，说笑着过去了，头也没回一下，好像我儿子是个门童（说实话我就是那么想的）。我想当时我的脸色是很不好看的，但是儿子一点儿也没在意，还开心地冲他们挥手，又欢实地关好门跑到我们身边说，爸爸妈妈，咱们走吧。我看了看他，没说话。

最近带他出门较多，这样的事儿又接连出现了几次，有时实在让我看不过眼。有几次，钱儿老远帮别人开着门等着，但是人家进出匆匆，压根儿也没注意到这个在我眼里很 nice 的小朋友。我内心自忖，如果是我，不必说孩子，任何人，帮我开着门等着我，我怎么也要微笑着对别人说句谢谢，这是基本的礼节。我不知道那些看着孩子帮他们推着门，等着他们，然后一言不发理所应当就过去的人是怎么想的。

终于有一次，我实在忍不住了，在几个钱儿称之为姐姐哥哥的人漠然过去之后，我大声地呵斥了钱儿，我说：孩子你今后能不能别那么多事儿，不该你做的，你不要做，对那些连基本做人礼节都不懂的人，你干吗上赶着在这儿帮人家开着门。人家怎么对你，你就应当怎么对人家，知道吗？

那几个过去的人回头看了看我，一脸无所谓地走了，倒是钱儿，被我吓到了，有点儿不知所措地站在门边。我说你还不快走，他才赶紧关上门，跟着我走了。接下来的几天中，钱儿还是会帮别人开门，但是明显看我的眼神有点惶恐，有点疑惑，有时甚至有点不知所措。虽然不理他的人依然有，但我知道是我那天的话影响到他了，因此再没有那样说他，只是叹口气，拉着他走。

我跟韩先生聊起这件事情，我说我平素也是扶老携幼，也帮人扶门扶电梯的，可是这样教育孩子，是不是很没有风度、是不是小题大做、是不是不该那样说他？

韩先生宽慰我说，其实他那天也挺生气，尤其对一个充满善意，愿意对人表达自己善意的孩子，那么理所当然，熟视无睹，确实不知道那些人怎么想的。

他说他很理解我的想法，因为那是我们的孩子，不是门童，没有义务帮别人去开门，我们希望孩子的善意能换来别人的微笑也是正常的。

当然有人会说儿子完全可以不那么做，别人也没要求他那样做，说不定还有人觉得这孩子是吃饱了撑的；但是，韩先生接着说，后来我想了想，其实在儿子自己看来，那只是他的一个习惯罢了，他对任何人都一样。他那么做，不是为了表现自己多绅士、多有风度、多 nice，更不期盼换来别人的什么夸赞和所谓善意的微笑，他只是觉得帮别人开个门，很有必要，那么做他觉得很正常、很自然，也很开心，仅此而已。否则遭到那么多冷遇，他早就该没动力了吧。

反而是做父母的我们，是不是内心深处在以一种别样的心态，看待孩子的这一举动呢？我们是不是也在沾沾自喜地想，看，我家儿子多绅士、多有素质，因此才对那些熟视无睹而过的人如此气不过，导致我们自己先失了态，让孩子左右为难？别人的行为，孩子根本没放在心上，放在心上的是我们。

我跟韩先生交换了看法，剖析了我们自己，其实是有上面说的那种心态的。也正因为认识到了这一点，才让我认识到了孩子的可贵，其实是我们自己没有达到那样的境界，因此，才会如此纠结。一个善意之举，不是为了换回一个善意的回应，而仅仅因为那是我的行为方式，与他人无关。

这之后，我又跟钱儿畅谈了一次，他说在学校里，同学们进进出出，先到的同学都会帮后到的同学开着门，等大家进去了，自己再进，或者后面有同学主动上来接替他继续为大家开着门，他觉得很正常，也没有觉得同学之间需要每个人互相说谢谢，微笑之类的。反而他觉得开了门自己就走了，不管后面的人，就会感到很不舒服。

我心中一下敞亮了，我跟他说，你自己怎么想的，就怎么去做，用最不违背内心的方式去做事，不必在乎别人怎么说，包括爸爸妈妈，我们永远支持你。

此时，儿子很开心地笑了，仿佛他也为前些天我的失态释然。我在想，有时跟孩子比，我们还是太浅薄了，我们只是表现得尽量很成熟、很自信，其实有时却比孩子还要孩子气。

资料来源：公众号"Michael 钱儿频道"。

完全接地气儿的现实生活推文，钱儿妈把现实中父母的心理变化描写得那么真切，带给同样作为父母的"粉丝"们强烈的共鸣和情感冲击！

类似这样的推文在"Michael 钱儿频道"还有很多，都说最真实的最容易打动人，谁说不是呢？

许多企业微信公众平台的运营者每天都在为公众号的推文头痛，抱怨自己推送不出像"罗辑思维"那样高大上的原创内容，只能扒拉一些鸡汤文应付了事。

"Michael 钱儿频道"的推文给了盲目追求高大上的原创内容的运营者们一记重重的巴掌。放弃高高在上的姿态，和你的粉丝和客户来一场平等的、真诚的、接地气儿的对话如何？

概括起来，在企业公众号中，究竟如何让用户获得良好的感官、情感、成就、精神和心灵体验呢？

主要通过以下三方面：

1. 便捷人性化的公众号设置

企业公众号归根结底是为了给客户提供服务，前面我们讲过公众号页面设置，包括自定义菜单设置、自动回复语设置、推文编辑设置、超链接以及一些企业公众号开发小程序等，都要根据企业自身特质进行适合又创新的设置，带给客户新颖感的同时，也不要忘记便捷操作最重要，能让客户迅速且简单地找到自己关注的内容，带给客户舒心的浏览体验。

2. 创设良好阅读体验

根据精准的客户需求来编辑推送推文消息，可以通过做测试调查"粉丝"客户群更喜欢哪种类型的文章，行业权威型、俏皮有趣型、视屏类、表情包类等，通过多次测试将不同类型的推文做取舍或穿插推送，带给"粉丝"和客户新颖且受用的阅读体验。

前面内容中提到过，推文首先带给阅读者的是视觉冲击，因此排版至关重要，再优质的内容，如果排版不当，很容易使阅读者放弃阅读。

通过精耕细作的排版，将图片、动图、视频等多重艺术性表达相结合，使得内容所传递出的情感冲击与视觉、听觉等感官冲击紧密结合起来，带给阅读者多重体验。

3. 提升服务体验

通过自定义回复、关键词回复等互动形式以及在线客服的服务态度，表现出的服务态度，是重中之重。富有亲和力的在线客服进行一对一服务，会迅速拉近与客户的距离。

另外有能力的企业通过开发小程序来提供各种增值服务，以及开通微信小店或第三方微信商城的企业号所能提供的流畅简单的购物流程，所带给客户的服务体验感都至关重要。

大数据时代，任何企业想通过微信营销平台来开展营销，做好目标客户群分析至关重要。要想有一套适用于所有人的营销模式或方法是不可能的，需要对不同的客户群体进行细分，通过客户的基本信息、消费行为、思维模式等来挖掘客户消费趋势及潜在需求，从而寻找满足客户个性化需求的突破点，来提供满足客户需求的个性化体验。

具体的体验更多的是通过互动来实现，在接下来的几堂课中我们会侧重来讲互动策略。

＜本课小结＞

1. 营销理论中著名的"鱼塘理论"与微信营销理念比较契合

它将客户比喻为一条条游动的鱼，把客户聚集的地方比喻为鱼塘。"鱼塘理论"认为，企业应该根据自身的营销目标，分析鱼塘里面不同客户的喜好和特性，采取灵活的营销策略，让愿者上钩，最终实现整个捕鱼过程的最大功效。从"粉丝"关注公众号到取消对公众号的关注，整个过程，企业除了"鱼饵"，没有其他办法对进入鱼塘的鱼进行较好控制，鱼儿来去自由。因此，调制"鱼饵"才是企业钓到大鱼的唯一捷径。

2. 开展微信营销的企业需要自问

抛出的"鱼饵"能带给客户的吸引力究竟是什么？企业的"鱼饵"需要带给客户的核心吸引力即"客户价值"。价值感是客户所需要的核心，但这种价值感客户从来不会明明白白地告诉企业。创造价值感需要企业突破禁锢，打通客户思维。

3. 现在的客户在价值感之外，更注重的是体验感

因此企业所要做的是，做一个有温度的企业公众号，尽最大能力去为客户创造体验感，尽最大能力去调动客户的感知欲，营造一种独特的体验和情感共鸣，就会让客户和粉丝欲罢不能。

4. 体验感在具体的运作中

企业首先要明确自己目前拥有什么样的产品和服务，其次再根据微信公众营销平台的目标受众群体，进一步提升营销内容的针对性，通过契合目标受众的表达和传递，来激发调动潜在客户的体验感。

第14堂课

三段复盘：精准营销助推"获客"+"活客"

互动和服务都是"获客"与"活客"的必由之路。

列夫·托尔斯泰有一句名言："与人交谈一次，往往比多年闭门劳作更能启发心智。思想必定是在与人的交往中产生，而在孤独中进行加工和表达。"

这句话道出了交流互动的至高境界，在如今这样的交互世界里依然适用。互动沟通和交流，不但可以改变当时当下的心情，更能启发心智，也利于让新时代的"宅一族"们表达自己的思维。

微信作为即时通信工具，本身强调与用户的交互性，用户之所以用微信，也是因为微信在熟人网络强大的展示和互动的基因。

企业微信营销平台应该是一个矩阵式的营销阵地，包括员工个人微信、微信朋友圈、微信群以及企业公众号，企业在运营好公众号，提供优质内容和贴心服务的同时，不要忘记激活个人微信朋友圈和朋友群，增强良性互动，强化企业与客户关系多重联系的纽带，良好的互动能增进用户对企业的认同感。

有人说，线上互动，玩的就是触不到的心跳。

圣贤孔子说过："内不欺己，外不欺人。"微信在线互动营销，营销的其实是信任。

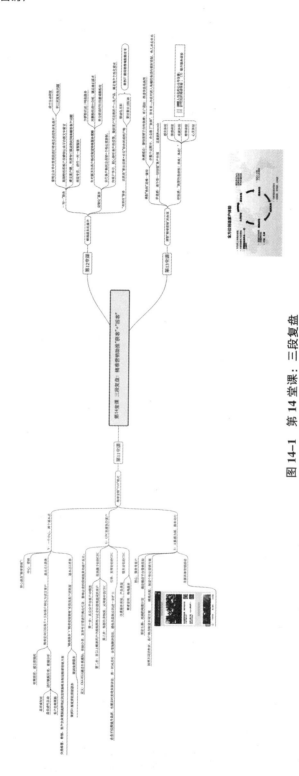

图14-1 第14堂课：三段复盘

第15堂课

公众号互动方式

< 课前提问 >

1. 如何使"在线客服"功能发挥它最大的利用价值呢?

2. 微信自身都有哪些互动功能呢? 它们的作用各是什么呢?

3. 微信除了营销和内部管理还有什么高效的用途呢?

< 本课重点 >

　　本堂课重点是强调微信中沟通的重要性,虽然微信公众平台中买卖双方进行的多是虚拟交流而非面对面交流,企业也要注重交流过程中的高效性。除了客服这类直接的交流方式外,企业也要善于开展各种线上线下小活动,主动增加与客户交流的频率。多次交流后,企业才能了解客户"体验感"的来源,为后期调制"鱼饵"提供充足的资料支持。

一、在线双向沟通

＜案例分析＞

秀才买柴的故事

有一个秀才去买柴。

秀才对卖柴的人说："荷薪者过来！"

卖柴的人听不懂"荷薪者"（担柴的人）三个字，但是听得懂"过来"两个字，于是把柴担到秀才面前。

秀才问他："其价如何?"

卖柴的人听不太懂这句话，但是听得懂"价"这个字，于是就告诉秀才价钱。

秀才接着说："外实而内虚，烟多而焰少，请损之（你的木材外表是干的，里头却是湿的，燃烧起来，会浓烟多而火焰小，请减些价吧。）"

卖柴的人完全听不懂这句话，于是担起柴直接走了。

企业构建微信公众平台后，最怕的是把公众平台变成企业官网的复制品，"粉丝"们打开的依然是一个冷冰冰的展示柜。

"粉丝"在你的展示柜前也只是翻翻看，如果你的推文足够精彩，也可能只是简单点击阅读而已，不会产生进一步的信任和成交。

因此，企业一定要利用好微信公众平台的互动交流功能，与"粉丝"多交流互动，建立信任感。

人的社会属性使得大家都渴望与别人交流，对自己认同的信息内容产生共鸣。企业与客户之间不论是成交前还是成交后，都需要不断沟通，简单的促销类信息很难持续留住客户的持续关注。

微信营销平台上的成交一般都是经过多次或长时间的互动沟通才产生的，因此，企业必须重视与客户的沟通交流，与客户交流越多，就越能建立起信任关系，信任关系建立后，才可能产生成交。

"秀才买柴"的案例就是有一个关于沟通的经典故事，企业公众平台中最好不要传递太生涩的专业术语，尽量以最平实简明易懂的语言来传递信息，而且对于说话的对象、时机要有所掌握，有时过分的修饰恰恰会适得其反。

最基本的"一对一"沟通服务，可以从公众号中设置"在线客服"开始。

针对所有的"粉丝"客户，许多企业设置了自定义回复或关键词回复，但设置"在线客服"的并不多。

企业要珍惜每一位主动在公众号中发消息或留言的客户，不要让带着问题而来的客户得到的只是生硬的自定义回复，这样会破坏客户的感情，也会很快消耗掉客户试图与企业交流的欲求。

因此，在公众号中设置"在线客服"是提供优质服务的关键环节。

如何在公众号中设置"在线客服"呢？

Step1　在公众号后台管理页面左边的"功能"选项，选择点击"+添加功能插件"，如图 15-1 所示。

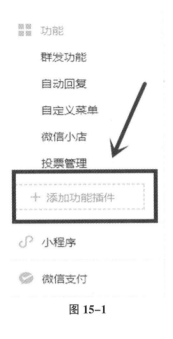

图 15-1

Step2　在新页面出现的功能中选择"客服功能"，点击开通，如图 15-2 所示。

图 15-2

Step3　开通后，"客服功能"会出现在首页左边的功能页面中，如图 15-3 所示。

图 15-3

Step4 点击功能菜单中的"客服功能",在新页面中点击"添加客服",如图 15-4 所示。

图 15-4

Step5 在新进入页面中,编辑客服信息,添加要绑定的微信号,在要添加的客服人员微信中即出现如图 15-5 所示的邀请,点击"接受邀请"即可绑定客服人员,如图 15-6 所示。

图 15-5

图 15-6

Step6　微信公众号后台的多客服系统最多可以添加 100 位客服，企业可以根据自身情况进行添加，如图 15-6 所示。

添加成功后，客服可以在网页端在线与咨询客户进行沟通。此时，如果咨询客户发送信息，可直接发送到后台客服系统。也可以通过"自定义菜单"设置

"在线客服"，咨询客户可以通过点击"在线客服"进入咨询沟通页面。

企业在微信公众平台上，可以利用人工实时交互问答功能，为顾客提供一对一的即时咨询服务，回复形式有视频通话、语言对讲、文本消息等多种形式，确保在最短时间内回应用户对企业或产品的相关问题，使用户得到满意答复。

企业可千万别轻视"一对一"在线沟通服务，与淘宝、京东等购物平台的客服系统一样，微信公众平台的在线客服也非常重要。

但是，与购物平台针对具体商品的咨询不同，企业微信公众平台的在线客服遇到的咨询问题会更多样，"粉丝"客户的问题可能会天马行空，可以针对企业产品，可以针对企业文化，还可以针对公众平台互动活动以及具体推文提出问题，这就对微信公众平台的客服提出了更高的要求，同时也为更深层次的情感沟通提供了可能性。

微信公众平台在线互动的核心是客服，在线客服需要注意以下几点：

1. 耐心听完客户的咨询问题

都说两个人双向沟通时，其实是有六个人在交流：你以为的你，你以为的他，真正的你；他以为的他，他以为的你，真正的他。

微信公众平台的客服一定要耐心倾听"粉丝"或客户把话说完，不要客户刚开始咨询就用千篇一律的应答语去答复。

案例1　林克莱特的采访

美国知名主持人林克莱特在一次节目中采访了一位小朋友。

林克莱特问："你长大后想要当什么呀？"

小朋友天真地回答："嗯……我要当飞机的驾驶员！"

林克莱特接着问："如果有一天，你的飞机飞到太平洋上空所有引擎都熄火了，你会怎么办？"

小朋友想了想："我会先告诉坐在飞机上的人绑好安全带，然后我挂上我的降落伞跳出去。"

当现场的观众笑得东倒西歪时，林克莱特继续注视着这孩子，想看他是不是自作聪明的家伙。没想到，接着孩子的两行热泪夺眶而出，这才使得林克莱特发觉这孩子的悲悯之情远非笔墨所能形容。

于是，林克莱特问他："为什么要这么做？"

小孩马上回答："我要去拿燃料，我还要回来！"

这只是未谙世事的孩子很单纯却饱含真诚的想法，如果简单按照成人的理解，根本不会明白孩子的用心之深。

因此，作为微信公众平台的在线客服，当你面对"粉丝"或客户的咨询时，一定要用心去领会粉丝或客户咨询的目的，要在回答之前先问自己：我真听懂客户想要咨询的问题了吗？

《吕氏春秋·审分览·任数》中记述了这样一个故事：

孔子穷乎陈、蔡之间，藜羹不斟，七日不尝粒，昼寝。颜回索米，得而爨之，几熟。孔子望见颜回攫取其甑中而食之。选间，食熟，谒孔子而进食。孔子佯为不见之。孔子起曰："今者梦见先君，食洁而后馈。"颜回对曰："不可。向者煤室入甑中，弃食不详，回攫而饭之。"孔子曰："所信者目也，而目犹不可信；所恃者心也，而心犹不足恃。弟子记之，知人固不易矣。"

其大意为：

孔子周游列国，曾因兵荒马乱，旅途困顿，三餐以野菜果腹，大家已七日没吃下一粒米饭。

一天，颜回好不容易要到了一些白米煮饭，饭快煮熟时，孔子看到颜回掀起锅盖，抓些白饭往嘴里塞，孔子当时装作没看见，也不去责问。

饭煮好后，颜回请孔子进食，孔子假装若有所思地说："我刚才梦到祖先来找我，我想把干净还没人吃过的米饭，先拿来祭祖先吧！"

颜回顿时慌张起来说："不可以的，这锅饭我已先吃一口了，不可以祭祖先了。"

孔子问："为什么？"

颜回涨红脸，嗫嗫地说："刚才在煮饭时，不小心掉了些染灰在锅里，染灰的白饭丢了太可惜，只好抓起来先吃了，我不是故意把饭吃了。"

孔子听了，恍然大悟，对自己的观察错误，反而愧疚，抱歉地说："我平常对颜回已最信任，但仍然还会怀疑他，可见我们内心是最难确定、稳定的。大家要记下这件事，了解一个人，还真是不容易啊！"

孔圣人尚且如此，何况普通人呢？

由于在线沟通多是通过打字来实现，有时候打字很难准确表达出客户想要了解的信息，客服尤其要耐心，不能话听到一半，就对客户的问题想当然，把自己对客户想要咨询问题的理解投射到客户的问题中，给出想当然的回答；或者通过客户的语言来给其下定义，自行推断客户有没有价值，从而产生敷衍客户或允诺客户自己做不到的事等行为。

缺乏耐心、答非所问、缺少专业知识、敷衍客户、允诺客户自己做不到的事、急于为自己开脱等情况都是在线客服沟通的大忌。

2. 将沟通的内容拓展于客户的钱包之外

在微信平台上与目标客户交流，千万别盯着客户的钱包，老去琢磨客户会不会马上成交。

传统推销形式"黏着"客户，很容易使客户产生逆反、烦躁情绪。传统面对面销售，如果一次不能成交，客户拍拍屁股走后就有可能再也找不到了。和传统营销不同，在线营销不能单纯追求一次沟通成交，因为在线沟通避免了这种困境，在一次沟通未达成结果的情况下，双方不至于再也找不到彼此，很容易进行第二次或第三次在线沟通。

因此，在线客服应该着眼于长远，不要一味催促客户下单。通过客户所咨询的问题，紧抓客户心理，可以在后续跟进过程中有针对性地为咨询客户推送其所希望了解的信息。

3. 做好咨询记录

在线客服在与"粉丝"或客户在线沟通的工作中，做好咨询沟通记录也是非常重要的环节。

在线客服每接进一个客户咨询，都要做详细的记录。后期要将客户的基本信息、咨询问题、关注点等分类整理，分析客户的问题以及消费反馈等形成数据库，并且及时更新与改动。通过信息的收集和积累准确地把握客户的需求，对目标客户进行精准定位并提供精准的个性化服务：①有针对性地推荐客户需求的产品和服务；②精准地将产品信息传递给目标客户；③为客户提供更便捷的购买方式；④采取有效措施降低顾客的购买成本；⑤将客户的满意放在首要位置，与目标客户进行有效的沟通、互动。

例如，当一个客户第二次在线咨询时，在线客服一定要对第一次咨询有一定的了解，并适时表明自己了解客户之前的沟通情况，这样会拉进与客户的距离，当客户感觉你和他是朋友甚至像亲人般在单独交流，势必增加了客户黏性，同时激发了客户的活跃度。

也正是这个原因，企业要重视对在线客服的相应培训，尽量避免由于客服的失误而影响到"粉丝"或客户对企业的信赖，更好地利用好微信公众平台的在线沟通互动功能。有效的在线沟通互动，甚至可以起到四两拨千斤的功效。

二、在线互动活动

没有互动的微信公众号是没有前途的。在微信公众平台上，开展互动活动的方式有很多。

1. 借助微信自带的互动功能

微信朋友圈点赞分享、微信摇一摇、漂流瓶、微信红包、微信投票、微信抽奖、微问卷等都是微信平台中常用的互动功能。

除此之外，在微信公众平台上常用的"微"互动方式还有：微官网、微会员、微推送、微支付、微报名、微分享、微名片、微团购等。

微官网适应移动客户，具有较强的交互性新型网站。建立微官网是企业进行微信营销成功的第一步。利用微官网企业可以进行企业或产品的介绍与宣传，有效地争取手机用户，是实施精准营销的有力工具。

微会员是通过在微信内植入会员卡，建立客户数据库。通过对消费行为的记录与分析，总结客户消费行为特征，有针对性地开展营销。同时，也可以根据客户数据，对客户进行分类，采用差异化营销方式，以提升营销效果。

微推送是通过使用"查看附近的人"向陌生人发送广告的方法。企业可以利用签名档这个黄金广告位，为自己的产品或企业打广告，达到较好的品推效果。

微支付是指微信支付，在微信支付时企业可以利用返还奖励现金等形式，吸引顾客在指定的时间内再次购买，达到稳定客流、扩大市场的目的。

微报名是指微信活动报名，通常被用于企业官博的调研、用户意见征集、报名等功能。

微分享，通过微信公众号与他人分享正能量、生活经验、健康财富、网络营销、人生哲理等。

微名片，是一种基于移动互联网的二维码手机名片，名片信息云端管理，实时更新、所有好友即时同步。只需扫一扫微名片二维码，即可将名片资料保存到手机通信录。

微团购，通过微信公众账号团购，替代了传统团购网站，积累人气，留住一次性团购用户，并引导其多次消费。

企业可以根据自身特质选择以上互动功能或互动方式与"粉丝"和客户进行互动。被许多微信公众号频繁使用地与"粉丝"、客户的互动活动，主要包括分享朋友圈、积赞送优惠、投票活动等，这些互动活动传播力高，能在较短时间内激发客户"粉丝"的参与热情。

＜**案例分析**＞ 杜蕾斯公众号

杜蕾斯微信营销策略

说起微信营销经典案例，杜蕾斯的微信活动营销策略方案很有亮点和创新。杜蕾斯的微信营销一直很注重与"粉丝"的互动，在"杜蕾斯"公众号中，设置了"杜杜问答"、"围观神回复"、"热门游戏"等互动小栏目，吸引"粉丝"或客户驻足公众号，进行互动是"杜蕾斯"微信营销成功的一大法宝。

早在 2012 年 12 月 11 日，杜蕾斯微信推送了这样一条微信活动消息：

"杜杜已经在后台随机抽中了十位幸运儿，每人将获得新上市的魔法装一套。今晚十点之前，还会送出十份魔法装！如果你是杜杜的老朋友，请回复'我要福利'，杜杜将会继续选出十位幸运儿，敬请期待明天的中奖名单！悄悄告诉你一声，假如世界末日没有到来，在临近圣诞和新年的时候，还会有更多的礼物等你来拿哦。"

活动一出，短短两个小时，杜杜就收到几万条"我要福利"，收获了几万"粉丝"，活动的营销效果可想而知。

杜蕾斯小游戏

杜蕾斯的微信营销一直做得如火如荼，常常有出其不意之举，游戏也是杜蕾斯善用的营销手法之一，创新的营销策划方案也屡屡引起轰动。

在"杜蕾斯"公众号中，点开菜单"最新活动"，点击子菜单"热门游戏"，可以看到 10 个小游戏名称及其链接，如图 15-7 所示，杜蕾斯巧妙地运用小游戏来吸引客户和"粉丝"，并且每个小游戏的设置都与杜蕾斯品牌产品密切相关，在玩游戏的同时也拓展了品牌传播度。

图 15-7

2. 设置话题让客户讨论

如果你的产品安静地放在平台上只会越来越无人问津，无论你有多少"粉丝"做后盾也依然阻挡不了被遗忘的风险，所以要不时制造话题，促使"粉丝"和客户的关注与互动。在这一点上，杜蕾斯的营销方式很值得其他企业参考。

比如说：在发布活动前先发出一条推送，这条推送在咨询客户，你最想要什么作为活动奖品，这个问题引发了大量"粉丝"和客户的讨论，一下子把许多平时沉默的客户激活了。因为自己参与了活动的设计，自然参与或分享的积极性就大幅提高了，而当活动的奖品是客户所喜欢的时，活动的参与度也就高了。

3. 设置小游戏

要增加客户的活跃度不妨设置一些契合你品牌的有趣的小游戏，通过玩游戏可以获得折扣或者优惠券奖励，那么，每当客户想要玩这个游戏，或者需要折扣优惠时就会吸引他（她）主动来找你。在这一点上，"杜蕾斯"公众号做得同样很出色。

随着微信公众号开发技术的日益完善，在服务内容上已不仅局限于传统服务流程的设计，而是更多地考虑客户的趣味性需求，例如愤怒的汽水、小猪快跑、大转盘、刮刮乐、魔法星星、砸金蛋等精彩游戏。

4. 有规律的促销活动

在产品消费群没有形成一个长期稳定的重复购买时，可以用一个长时间段的折扣促销，吸引用户来尝试。

比如：每周五均举办大促活动，当发现确实能得到实惠之后，用户便会对你的平台产生依赖，每到周五就会主动来寻找你。

当用户习惯这个时间节点后，在这个时间前后发布其他的营销活动，关注度也会比较高。

案例2　肯德基周二会员日

如图15-8所示，肯德基的会员都知道，每周二是肯德基的会员日，会有各种各样的优惠和促销活动。

长期有规律的促销活动，使会员产生了一种惯性，许多会员和粉丝都习惯性地在周二会员日看看

图15-8

肯德基又推出了什么新优惠产品或促销活动。

5. 策划出其不意的活动

除了普通的日常活动，还应策划一些非日常活动来刺激用户，增加用户的活跃度。例如，餐饮企业可以不定期地发布"新菜品免费试吃"活动，通过微信平台招募"粉丝"进行线下体验试吃，既可以推广新菜品，又可以提高用户体验，从而达到品牌传播的效果。

这类出其不意的活动，最好是提前发布微信预告。在你要发布某项重磅图文消息或者活动之前，可以提前一天或几天发布活动消息进行预热，吊足胃口，有人感兴趣，那么点击率或打开率会更高。

6. 进行二次开发，开发新颖的功能

有开发条件的企业可以通过开发新颖的小功能来吸引"粉丝"和客户的关注度，并增加他们的活跃度。

例如，某微信公众号经常分享一些时政点评类的消息，有些消息比较敏感，极可能被删除，为了规避这种情况且吊起用户的好奇心，运营者们开发了"阅后即焚"的功能，每天的每条消息只能够看一次，不能分享，第二次点击进入就会显示"已焚"，这样用户时不时就想去"刷"一下，自然而然对这个公众号产生了"依赖"，不能分享也规避了一定的风险。

案例3 星巴克"用星说"

见图15-9，2017年2月10日，情人节前夕，微信联合星巴克推出一项新活动——"用星说"。

"用星说"包括两种形式：

一种是"请TA喝咖啡"，直接选择星巴克的咖啡卡券送给"我的青春有你"或"给特别的你"。

另外一种是选择购买星礼卡——"星礼卡表心意"，其中有好几种选择，譬如，"老同学好久不见"、"来不及说出的谢谢"、"来许个愿吧"等，礼卡面额有50元、100元、200元、288元、388元、588元六种，这种礼卡仅限星巴克门店使用，不可兑换现金，也不找零，显然是卡券的一种变通方式，实质上是用户在线购买"礼品卡"，赠送给朋友或亲人，让对方线下去消费体验星巴克咖啡。

而这种星礼卡的转赠形式，因其创新性和分享性，也受到欢迎和追捧。"粉

图 15–9

丝"和客户在获赠星礼卡之后，得到的不仅是一杯咖啡或一张卡券，还有精心奉上的浓浓心意。注入了情感的"咖啡"也就不再只是一杯咖啡，情感价值远远大于礼品本身的价值。

许多收到星礼卡的粉丝还会拍照在朋友圈进行分享，在一定程度上使这种礼卡服务变得有形，得到了更多的曝光和互动传播。

"用星说"也是线上线下结合的良好范例，它有效连接了用户、支付和线下门店，值得有门店的企业或商户学习效仿。

7. 与线下活动相结合

线上和线下活动相结合是增强用户黏性的最佳途径。通过 O2O 交流，不仅可以了解用户需求，而且可以更好地激发客户"粉丝"的参与热情，使得企业信息得到更迅速和更广泛的传播，与此同时，在活动过程中，可以提高用户黏性。

企业要在准确市场定位的基础上，策划出适合其市场推广和传播的各式各样的微信在线活动，这样的活动在互动性、参与性、传播性方面都会得到较好的效果。

三、巧用微信招聘互动

早在 2015 年，广东韶关的千年古寺——东华禅寺的一则招聘广告在微信朋友圈火了，这则"我佛要你!"的招聘广告在发布 5 天之后，被点击 100 多万次，吸引了来自全球超过 4000 份简历。

原来招聘还可以这样玩儿!

企业在微信朋友圈、微信群可以招兵买马，在微信公众号同样也可以。微信招聘依托强大的平台和用户资源优势，成本低、时效快，不失为一个高效招聘渠道。

与此同时，微信招聘不仅是一种招聘渠道，更是一种出其不意的微信互动方式。

互动的一个关键在于其所提供的价值是不是针对精准客户？对精准客户有没有足够的吸引力？

譬如，淘宝的上传照片写好评返现，究竟有多少人愿意花时间拍照上传并写好评截图呢？如果只是返现 5 元，有多少人愿意呢？如果返现 50 元，又有多少人愿意呢？

价格也是衡量价值的一种方式，提供 50 元和 5 元返现所产生的价值不同，参与互动的意愿强度也会不同。

招聘从一定程度来讲，对于应聘者及与应聘者相关的人都有难以估量的价值，而且，在招聘互动的过程中，一般应聘者群体和应聘者相关者都会去认真了解企业及企业公众号，这也是高效传递企业品牌信息和企业文化的方式之一。

案例4 "视觉志"公众号招聘文

全国招聘 | 春风十里，不如有你

原创 2017-02-07 邀你加入视觉志

有朋友圈的地方，一定有视觉志；有视觉志的地方，一定有你。

你，可能是我们的"粉丝"，也可能是我们未来的员工。谢谢你的厚爱，让视觉志在风云际会的新媒体舞台上不断发展壮大，新的一年已经开始，视觉志旗下各品牌在此招贤纳良。新的一年，你也该面朝大海，春暖花开。春风十里，不如有你。

　　请继续往下看，如果你喜欢文字创作、有深厚的阅读积累、有志于从事优质内容的互联网传播、具备优异的审美，你很可能在下方找到一份适合自己的高薪工作。如果你是我们的"粉丝"，则将在此次招聘之后看到更好的内容，因为优秀的新媒体编辑将通过海量选拔加入视觉志。

　　让数以千万计的粉丝看到更好的内容，正是我们此次招聘的初衷。

关于视觉志

　　见图 15-10，青岛视觉志文化传媒有限公司位于青岛，如果你也喜欢在阅读中度过美好时光，一定在朋友圈里接触过我司旗下的新媒体品牌（微信公众号：视觉志、她刊、蛙哥漫画、一读、娱乐圈画报）等，也一定听说过这几位的名字：蛙哥、兔姐、七言君、她姐、读叔……他们形象各异、性格迥然，但他们都是一家人，都来自视觉志文化传媒有限公司。

图 15-10

　　刷爆朋友圈的优质内容，让越来越多的"粉丝"关注了我们，当业内都在讨论 10 万+时，视觉志已经产出了 1000 万+的优质内容。这些精心打造的优质内容，为我们带来了口碑，也让数以万计的"粉丝"在阅读中收获温暖、感动、共鸣。比如，近段时间刷爆朋友圈的赵雷，你终于红了（可点击），没错，这正是来自于视觉志。

　　所以你知道了，我们要招聘的是熟悉互联网传播、热爱内容创作的新媒体编辑。或许你会问：具体招聘要求是什么？

　　别急，还是先来看看我们能给你什么吧，对于选择一份事业，这真的很重要。

关于薪资福利

我们的薪资福利包括但不限于以下方面：

（1）月薪：7k~30k，该月薪为我们新媒体编辑每月得到的实际范围，欢迎高手来突破上限。

（2）五险一金。

（3）节日红包，包括但不限于春节、中秋节、国庆节、圣诞节、端午节、劳动节、元旦、三八妇女节、光棍节……

（4）节日抽奖，奖品包括但不限于最新款 iPhone、iPhone Plus，国际顶级品牌化妆品，全员参与，没有空奖，一抽必中。

（5）国内、国外旅游。视觉志公司小伙伴曾在上海迪士尼游玩。作为对去年工作的奖励，公司还发放了国外旅游机会。当你看到这篇招聘时，我们可能已经飞抵某处世外桃源，拥抱了诗和远方。

（6）跟国际品牌合作、参加品牌方在国内、国外组织的各类活动。我公司员工参加的品牌方活动，国内有北、上、广、青海、内蒙古，国外则去过欧洲。

（7）还有一项福利，是这座城市给予的。依山傍海的青岛，没有北上广的拥挤，没有令人窒息的雾霾，物价理性、房价友好。这里的冬天不太冷，青岛市供暖天数长达 141 天，从 11 月 16 日到来年 4 月 5 日。夏天热不热？我只能告诉你，这里有中国北方最漂亮的海水浴场，免费的。这些都是天时地利的馈赠。

春天就要到了，在这座城市工作、生活，真的是面朝大海，春暖花开。

没错，我们的工作地点就在红瓦绿树、碧海蓝天的青岛。当你拿到视觉志的工资后会发现，这里的海鲜一点儿也不贵。

（8）水果、零食供应，上班不打卡……更多福利不再一一细说了，如果我们有幸在一起共事，你会眼见为实。

我们从来不吝对员工发放优厚福利，但对人才准入也设置了非常严格的门槛。

请对标自己的能力特长、工作经验、职业规划、人生小目标等要素，看看哪一个职位最适合你，如果你想在新的一年过得更酷，就不要再错过机会了——

……（此处略去具体岗位及要求。）

如有意向，请将您的简历投递到视觉志的招聘邮箱：hr@shijuezhi.cn。

（1）请务必、务必、务必在邮箱主题栏中注明：姓名+应聘岗位+本科学历。如：张××+蛙哥漫画文案+××大学、王××+一读新媒体编辑+××大学、李××+播音编辑+××大学。

（2）请随简历附带一封求职信，不限字数、不限题材，说你想说的话就可以。

（3）如果你从诸多简历中脱颖而出，你会在发来简历一周内接到我们的入围通知。若一周内未接到通知，则简历未能入围。

（4）请把这篇招聘转给身边合适的朋友，如果你的朋友加入我们，就会有人在青岛请你吃海鲜了。

（5）该招聘长期有效，直到天荒地老。

所以，约吗？

资料来源：公众号"视觉志"，有删减。

"视觉志"的这篇招聘广告软文所传出的信息量，是通过招聘会、招聘网站或其他招聘渠道所无法比拟的，传统渠道在招聘岗位信息之外，可以实现如此丰富且幽默的品牌信息传递吗？No！

在传递丰富品牌信息和正能量的同时，也为互动提供了无限可能，你可以"把这篇招聘转给身边合适的朋友，如果你的朋友加入我们，就有人在青岛请你吃海鲜了。"

是的，你不是看看而已，如果你不是合适的那位，你还可以转发到朋友圈啊，这样你合适的朋友就可以看到，并因此感谢你哟！

所以，约吗？

果断一个字：约！

互动模式自此华丽开启！

因此，微信招聘具有传统招聘不可比拟的优势，招聘过程是一种社交性质很强的行为模式，是求职者和企业的互动，在招聘吸纳优质新员工的同时，也可使应聘者加入到互动中来，对企业品牌具有不可估量的推广效应。

企业应充分利用微信招聘互动，有效传播企业品牌和企业文化等相关信息，并且注意与应聘者的适时沟通，如果在这个环节上企业做得足够好，会吸引到足够多的价值观趋同的应聘者；如果应聘者最终没有应聘成功，还有可能通过应聘过程的良好体验和对企业更深刻的认识，从而转化为企业的精准客户。

＜ 本课小结 ＞

企业一定要利用好微信公众平台的互动交流功能，与"粉丝"之间多交流互动，建立信任感。信任感的建立离不开充分的沟通，基于此微信营销平台上的成交一般都是经过多次或长时间的互动沟通才产生的，因此，企业必须重视与客户的沟通交流，与客户交流越多，就越能建立起信任关系，信任关系建立后，才可能成交。

第16堂课

巧用微信朋友圈

一、全员待命，打造营销矩阵

在微信营销中，企业营销与个人营销密不可分。

从企管到员工，微信圈展现给客户的无一不是营销！

企业如何利用好员工微信圈构建起微信营销网？

员工在微信圈所表现出的对企业的态度及敬业精神、团队精神直接影响到客户和企业的成交水平，员工在微信圈表现出对生活的态度也直接影响到客户对员工及企业的信赖程度。

事实上，提到微信朋友圈营销，许多人都会不以为然或嗤之以鼻，认为朋友圈营销只是"小儿科"，只是个人微商一味盲目刷屏用滥了的营销圈。尤其是企业，会不自觉地把企业微信营销与朋友圈划开界限，认为由于微信加好友人数有限，朋友圈推广空间有限，用朋友圈进行推广，最终受到影响的人也不多，掀不起多大的风浪。

腾讯微信本身将广告引入微信朋友圈小试身手，轻而易举地就玩起了精准用户营销。例如，将高端产品推广显示在富豪大佬的微信朋友圈，将普通大众产品推广显示在普通人的微信朋友圈。

虽然一般企业还做不到精准推送，但至少可以由其看出朋友圈精准营销的势头。

腾讯微信的张小龙曾在微信公开课上做过一个统计数据分享，分析发现：订阅号绝大部分阅读量依然来自朋友圈分享，而不是直接通过公众号"粉丝"点击阅读。数据分析显示出二八原理，"20%的用户到订阅号里面去挑选内容，然后80%的用户在朋友圈里去阅读这些内容。"

数据表明，朋友圈是天生的营销阵地。

著名推销员乔吉拉德在漫长的推销生涯中总结出营销的"250定律"：每一位客户身后都隐藏着250名亲朋好友，而这些亲朋好友都是潜在的客户。

这个定律在微信朋友圈营销中同样适用。假如你能赢得一位客户的信任，使其对你的微信公众平台心生好感，那么他身后的诸多亲朋好友就可能对你的微信公众平台产生好感，喜欢上你的微信公众号；假如你得罪了一位微信朋友圈好友，也就意味着你可能得罪了250名潜在的顾客。

因此，虽然微信朋友圈人数比较少，但是朋友圈具备病毒式扩散的天然营销基因。

企业利用微信朋友圈做营销，只要方法得当，与微信公众平台互为补充、相互促进，不仅有利于微信公众号的推广，也将为企业和商家带来良好的口碑。

企业利用微信朋友圈开展营销，核心是要打造微信营销矩阵，即企业公众平台与员工微信相结合的矩阵。

企业想要在微信朋友圈做企业品牌或产品推广，包括推广企业的微信公众号，首先需要选定一些企业员工的个人号，包括企业一把手、高管、基层员工等个人微信号，最好是选择面向客户比较多的员工个人微信号，可以利用这些员工的私人微信号，也可以另行申请员工的工作微信号，根据员工的自身情况而定。

选定这些个人号后，再针对性地进行管理。

1. 充分发挥企业家或高层管理人员的品牌影响力

企业家或高层管理人员大多都是意见领袖，他们的观点具有相当强的辐射力和渗透力，企业要善于利用企业家本人或高层管理人员的个人微信号，使之成为企业宣传推广的重要阵地。企业家本人即企业的代言人或品牌官，一定要重视自己的朋友圈，企业家的朋友圈如果推广得当，甚至可以起到四两拨千斤的巨大影响力。

概括而言，作为企业家或高层管理人员的朋友圈，对于企业微信营销可以起到两大作用：

（1）品牌权威感构建。

（2）品牌正能量传递。

案例　欧阳维建的朋友圈截图

图 16-1 所示为动能教育"名师课博会"创始人、董事长欧阳维建的个人朋友圈截图，从中可以看出：

1."第四届中国教育节培训大会"的信息

这是品牌权威感构建的典型信息，传递出企业活动的权威性。

图 16-1

2."让爱回家！家庭是学'笑'，爸妈是'笑'长"

此篇充满正能量的推文，正是董事长参与转发分享的本企业公众号推文，在传递企业正能量的同时，对企业公众号也有一定的推广作用。

企业家本人的朋友圈，实质上也是企业微信营销的主阵地，但是需要注意的是，企业家要摆正自己的位置，不要把自己等同于企业的营销人员，不要将所有的企业推广营销信息，包括公众号推文都进行转发，这样做会由于角色混乱，使得自己的朋友圈"逼格"大大下降，自然会失去作为企业一把手的权威品牌效应，得不偿失。

企业家可以适时推广自己企业的产品和公众号，切忌营销信息太浓厚，应该围绕"品牌权威感构建"和"品牌正能量传递"的核心去推送或转发。

2. 高度重视员工朋友圈效应

提及员工朋友圈效应，同样需要重视品牌正能量的传播，但这并不是要全部转发企业相关内容，而是应该先营销自己，再营销企业，形式上要不拘一格，表现出个性的同时，传递企业品牌正能量。第一堂课上我们已着重作了分析，此处不再加以赘述。

3. 全体员工都要关注企业公众号，并适时巧妙地分享公众号推文

许多企业在开展微信公众号营销，但是企业自己的员工却很少关注，似乎公众号营销只是少数公众号运营人员的事，与其他人毫无关系，这种事不关己高高挂起的内部现象在许多企业都或多或少存在。

员工可以在微信圈适时发送企业文化内容，也可以巧妙地分享公众号推文。这里强调"适时"，因为如果一个员工每天都在毫无选择地转发企业公众号推文，重复这种机械式的工作，看到的客户也会产生阅读疲劳，久而久之，就不再愿意打开阅读了。所以，员工在做企业推介的时候，要有选择、有重点地推介。

通常情况下，企业会定时向客户发送信息，但是企业却没有与客户进行一对一的沟通，不能及时了解客户的实际需求。因此，企业要让员工利用自己的微信号与客户进行适时沟通，了解客户的想法，这一种模式虽然时间成本比较高，但是能够做到精准营销，效果可能会更好。

在微信营销中，企业要将公众平台与员工微信号结合起来，及时了解到客户的需求，为每一位客户提供差别性的服务。

二、别辜负了朋友圈的信任

微商盛行的时代，为什么许多消费者却依然很少购买微信朋友圈的产品，甚至拒绝购买微信朋友圈的产品呢？

我们每天都可以看见朋友圈中各种产品泛滥的现象，许多人一看到刷屏广告就马上屏蔽，不管对方是不是朋友。盲目刷屏只会伤害朋友的感情，而且也没有产生任何效益。

朋友圈营销就是将客户变成朋友，而不是将朋友变成屏蔽你的陌生人。

在朋友圈，每个人都是营销者，这个营销者并不一定是营销某种产品，实质上是营销自身的专业、资源、能量、气场等个性化的魅力，这种魅力值的大小就是个人营销力的强弱。

这种营销力表面上表现为朋友圈中的其他人愿意对其朋友圈信息进行点赞、评论、分享转发等行为，而在深层次则表现为对其个人的信任和重视。

因此，微信朋友圈最核心的资源是"信任背书"，朋友圈营销的本质是"情感营销"，朋友圈营销的最高境界是"互相需要"，真正实现"共赢"。

杀熟客时代已经过去，微信营销是双赢式营销。

盲目刷屏晒产品、晒发货单、晒支付截屏，换来的只是被拉黑或被屏蔽，而如果卖假货或朋友圈造假，辜负了朋友的信任，几乎可以被称为"自取毁灭"。

真正重视朋友、重视朋友圈的营销者一定不会盲目刷屏、盲目夸大、肆意造假，扰乱朋友圈生态。

重视朋友圈的营销者首先要营销自己，巩固朋友对自己的信任。

1. 做好个人定位，打造个人微信圈品牌

个人定位与个人特质和优势息息相关。我们许多人都没有给自己的朋友圈一个定位，随便转载文章、随便发送心情，内容看起来比较杂乱，显示不出自己的特点。

如果想让自己的朋友圈给别人留下深刻的印象，朋友圈发文和发照片一定要彰显个性并表露优势，比如说颜值高、懂护肤、懂投资、懂养生、会写作、会聊天等都是值得圈定的个性特质。

从微信名字、头像到个性签名都要跟自己的个性定位相统一，与此同时，也

不要忘了贴近生活，发挥出你最真实的一面。例如，你可以在微信朋友圈晒生活图片、讲趣味段子、提供简单的娱乐、通过努力获取的各种成就等。总之，你需要展示出足够的个人魅力，让大家全方位地了解你，才有可能信任你。

但是，值得注意的是，要把握住朋友圈晒自己的度。一个一味包装的朋友圈，会让人产生不食人间烟火感；同样，一个天天晒豪车、晒豪宅、晒大餐的朋友圈，也会让人产生遥不可及感。

通过自己的个性特质来打造个人品牌，定位越清晰，微信朋友圈的个人品牌就越容易建立。做微信朋友圈营销，要在"产品和服务"话题之外分享各类信息，寻找能够引起朋友们共鸣的话题，力求在价值观、专业等领域得到朋友圈的认同和欣赏。

只有打造鲜明的个人品牌特质，才会吸引别人的注意，进而产生认同感，吸引能量圈和价值观相近的精准朋友。

2. 原创至上

与公众号推文一样，朋友圈原创同样重要，只有原创的、有差异性的内容才有新鲜感和吸引力。

仅是发照片或简单转发分享文章，一般不会吸引多少注意力。尤其是盲目地复制、粘贴刷屏型广告，大家看一眼就会有意识地屏蔽，很难达到实际效果。

不管是产品广告，还是生活分享都应该立足于原创，不同的场景就要采取不同的表达方式，要有针对性，切忌千篇一律。

发照片的同时最好写出自己的感受；分享内容的同时最好撰写评论；有筛选地分享内容，对分享的内容进行仔细考量。

3. 注意细节

配图、发送时间选择以及避免错别字等方面，要力争精益求精。

偶尔发一次广告图可以，但不要天天转发企业广告。即便是企业产品图，最好也能自己拍，有现场感、真实感，现身说法容易打动人。

基于以上原则逐步树立起个人品牌，即建立起了个人营销力。在此基础上，可以根据自身情况适当引入实物营销，包括自己企业产品的营销。

在朋友圈进行产品营销时，可以借鉴杰罗姆·麦卡锡的"4Ps"理论。

杰罗姆·麦卡锡于1960年在其《基础营销》一书中第一次将企业的营销要素归结为四个基本策略的组合，即著名的"4Ps"理论：产品（Product）、价格（Price）、渠道（Place）、促销（Promotion），由于这四个词的英文首字母都是P，再加上策略（Strategy），所以简称为"4Ps"。

（1）产品（Product）精益求精。这一点非常重要。朋友圈卖产品，其实质是卖信任。作为企业，对自己的产品一定要精益求精，打造真正有价值的产品才是企业长青的根基。只有在朋友圈中形成质优口碑的产品才会带来更多的客户，使高质量的产品形成良性循环，得到朋友的大力推荐；反之，没有质量保证的产品，会很快打破朋友间的信任。

（2）价格（Price）恰到好处。产品的定价依据是企业的品牌战略，因此，价格以企业产品的统一定价为标准，不要盲目抬高价格或降低价格，价格过于离谱会让人怀疑产品的真假。此外，定价并不需要每次都公开，可以只发图宣传产品，有购买意向的朋友询价时再报价。

（3）渠道（Place）。在微信营销中，面对的客户都是自己所熟悉的朋友，在将朋友拉拢为我们的客户的同时，我们也可以将朋友培养为我们的代言人或代理。每个朋友都有一个朋友圈，如果可以将朋友的朋友圈纳入自己的朋友圈，无形之中就拓宽了自己的微信营销圈。

（4）促销（Promotion）适当切入。企业通常会注重以销售行为的改变来刺激消费者。在微信朋友圈中，同样可以开展一些诸如节假日、周年庆之类的促销活动，调动大家的参与热情和积极性。

（5）策略（Strategy）要讲究。微信朋友圈营销，也需要讲究一些策略。

例如，可以潜在地营造一种销售火热的气氛，推文展示买家秀，让客户产生更大的认同感和跟风效应。人都是有跟风效应的，即便是自己对某产品的需求欲望并不是很强的时候，如果周边的人都在购买该产品，难免会产生购买欲望。

在朋友圈中，如果你的产品销量很好，就会有越来越多的人来购买该产品，朋友之间也会自觉或者不自觉地成为你产品的口碑推广者；反之，如果你的产品一直无人问津，销量凋零，朋友即便相信你的为人也会对你的产品产生怀疑，在这样一种心态下，销量的持续走低就不可避免了。

（6）服务（Service）随时随地。在以上4Ps的基础上，再补充一个S——Service。在微信营销中，服务非常重要。我们前面强调过，微信营销是精准营销，不是一锤子买卖，要挖掘客户的长期价值，与吸引客户相比，保有客户则更加至关重要，做好服务的意义也就不言而喻了。

说到底，在朋友圈做营销，对象无论是代理还是客户，都是朋友，不论是做产品营销还是服务营销，都要不盲目刷屏或漫天忽悠，也不要苛求所有的朋友都要成为自己的客户，不论以什么形式开展朋友圈营销，都要记住朋友圈是以朋友交流互动为核心的。

其实，朋友圈的朋友可以分为许多类型，有的可以直接产生成交，有的可以帮助进行传播，有的可以互通有无，最终追求的是朋友之间的共赢。

三、突破朋友圈僵尸关系

许多企业反映，朋友圈和微信群的营销效果甚至优于企业公众号。公众号主要是微信平台上一个综合的展示平台，而个人微信、微信群和朋友圈等则将微信营销的触角伸到了公众号无法触及的客户内部，更易于开展情感营销和互动服务。

因此，企业要充分利用好朋友圈这一营销阵地。

虽然前面讲了许多朋友圈营销策略，但是对于一些企业来说，实际营销效果似乎并不理想，不论你的朋友圈怎样高"逼格"，如何坚持原创或追求持续精益求精，可还是有许多朋友对你所发的信息视而不见，自动屏蔽，导致朋友圈"自说自话"现象的出现。

这个问题归根结底，是因为缺少最基本的互动，造成朋友圈僵尸关系。

不管你承不承认，任何人的朋友圈都有"僵尸关系"存在。

先来分析造成朋友圈僵尸关系的原因：

1. 临时社交关系，缺乏交流，互动频率不高，或从不互动

这是造成朋友圈僵尸关系的一大原因。朋友圈互动关系是基于社交关系建立的，由于简单的临时社交关系而互相添加为好友，相互间并不熟悉，只进行过一次互动或少数几次互动，甚至从未进行过互动，微信中存在的这种好友最容易成为"僵尸关系"，对方一般不会特别在意你的朋友圈，也很少点赞评论或转发分享，最主要的原因就是相互间缺乏持续的交流互动。

但是，值得重视的是，这种"僵尸关系"最容易转发为密切互动关系。虽然双方缺乏相互了解的基础，但是不熟悉会产生好奇感和渴望了解欲，因此，如果能充分利用好临时社交关系，增强互动沟通交流，就容易转化为良好的互动关系。

2. 互动不在同一频率，分享信息缺乏共鸣

朋友圈互动是基于社交互动，但又不仅仅局限于社交互动。不论是基于临时

社交关系的微信朋友，还是基于熟人圈社交关系的微信朋友，在朋友圈互动中，都有可能变成"僵尸关系"。

许多熟人，包括比较亲近的朋友也可能会对我们的朋友圈进行屏蔽，主要原因在于朋友圈所分享的信息无法产生共鸣。在阅读朋友圈信息时，我们的大脑对朋友圈其他人分享的信息有一个处理过程，通过对朋友推送的朋友圈信息进行筛选和过滤，会对产生不了共鸣的朋友圈信息进行屏蔽，双方的朋友圈互动就极少发生。

基于以上两方面的原因，可以针对性地开展一些突破朋友圈僵尸关系的互动：

（1）勤于互动：微信对话和朋友圈点赞、评论、分享等。企业和商家首先要做的就是提升自身魅力，即企业和商家用于在微信朋友圈推广的微信个人号必须有魅力，成为朋友圈中的明星，才能吸引别人的注意力，让别人有兴趣关注，继而对你的微信公众平台产生兴趣，此点即前面提到过的打造个人朋友圈品牌。

在打造个人朋友圈品牌的同时，要主动和朋友们互动沟通。

别一直保持着高冷的姿态，等别人来互动，你要主动引导别人来互动。要注意频率，手段也要有所区别。

对方的朋友圈内容比较平淡的时候，就点赞一下；当内容很有吸引力的时候，一定要去评论，犀利一点，特别一点，这样才能引起对方的关注。

我们发朋友圈的目的是什么呢？

其实较大一部分是想得到别人的认同，如果你不是出于这样的目的，你不会去发朋友圈，只要写记事本就够了。

那么，认同感又怎么表现出来呢？

当然是通过朋友圈点赞、评论以及转发来表现。

这是朋友圈互动的一种方式，通过这种方式，朋友圈的朋友之间就形成了一种关系，乃至产生更多交集。

因此，不要吝啬为朋友点赞和评论，通过与别人在朋友圈建立互动（点赞、评论甚至转发他人朋友圈内容等），可以提高双方关系的黏度，突破朋友圈僵尸关系。

（2）创造"共鸣"。从本质上讲，人们心理上或本能上是希望跟他人产生共鸣的、是希望得到认可的。因此，如果要让更多人关注到你的信息并跟他们产生共鸣，就意味着你要花大量时间和精力去定位自己在微信朋友圈的角色和所属的圈子，并根据你的朋友、你的粉丝、你的客户来决定发送的内容。

　　每发一条朋友圈的时候，都应该去思考为什么要这么发，为什么要这么写，发布跟朋友圈里的朋友产生尽可能多交集的信息，以此来引发跟其他人更多的互动和交流。同时，也要深思熟虑，使得发送的内容更容易与价值观趋同者产生共鸣，最终维系朋友圈的诸多关系。

四、朋友圈发营销广告的问题

　　在朋友圈发营销广告，还需要注意的一些问题：

1. 到底是软广好还是硬广好呢

　　——在朋友圈开展微信营销与公众号微信营销有区别吗？

　　——当然有区别，区别大了！

　　——到底有什么区别呢？

　　——软广和硬广的区别！

　　硬广即硬广告，直接宣传产品的广告，一般在电视媒体、平面媒体等直截了当地出现的广告。

　　软广即软广告，相对于硬广告而言，将广告信息嵌入软文中以"文字广告"的形式出现。

　　一般来讲，软广不显山露水却会产生"随风潜入夜，润物细无声"的传播效果。微信中很多订阅号都是以软广形式出现，主要模式即推文，是以故事文或话题文出场，到最后嵌入广告，推文内容与广告衔接得非常紧密，可谓天衣无缝，容易将阅读者代入广告目的之中。

　　阅读者因为对推文的喜爱而转发分享，广告也随之转发传播，通过微信圈病毒式传播，效果非常显著。

　　原因是公众号推文可以通过链接转发到朋友圈、朋友群或直接转发给个人，用户需要通过点击才能够打开链接，如果打开链接看到的是硬广，就很难形成二次转发，这也是公众号硬广很难传播的原因。

　　但是，这种硬文广告的传播形式并不太适合于朋友圈。

　　朋友圈与订阅号最大的区别在于图片和文字显示都是一目了然，相对公众号只是题目链接的展示效果要更鲜明直观，但是，朋友圈广告又不及公众号推文容易转发分享，它更适合于精准营销，而不适合于传播推广。

因此，在朋友圈发硬广更为有效，直截了当，有需求的精准客户看到就可以产生成交。

2. 时间和频率该如何把握

"别辜负了朋友圈的信任"，在朋友圈发硬广，也讲究一定的技巧，譬如，发送时间和发送频率，一定要尽量符合目标客户的需求和体验。

（1）发送时间。一般来说，阅读量大的时间点应该选择用户群的工作休息节点，有以下几个有效节点：

晨起时间，6：30~7：30，第一眼看手机迅速刷屏；

午休时间，12：30~2：00，午饭后悠闲刷屏；

下班路上时间，5：30~7：00，回家路上刷屏；

晚饭后时间，7：00~10：00，晚饭后放松刷屏。

另外，还需要注意的是，不同行业会有所不同，例如，餐饮行业，如果要给精准客户群推送信息，一定是选择午饭和晚饭前的时间点，如果提供夜宵，也要在8：00~10：00选择推送。

不同行业应根据面向的精准客户群的不同来设计硬广推送时间。

（2）推送频次。朋友圈发硬广的推送频次肯定不是越多越好，盲目刷屏必定会招致反感甚至拉黑，但如果推送频次太少，也会导致硬广产品的广告信息不能适时推送给精准客户。

按照普通产品的推送频次，一天推送2次并选择在合适的时间进行推送是比较合适的。

根据产品的差异，有些企业售卖的产品种类较多，也可以根据产品种类的不同，适当增加一些推送的频次，或者将所有的内容压缩在一起来推送。

3. 朋友圈硬广的内容该如何呈现

由于微信朋友圈可以展示的内容有限，字数和图片都有相应限制，因此，朋友圈发文应仔细推敲好排版工作。

（1）控制字数。当在微信上发大量文字内容时，可以直接看到的字数只是几行，因此，如果商家需要在一定的字数里面来表达所推送的内容或广告内容的话，一定要合理控制字数。一般而言，内容的文字字数控制在100左右显得尤为重要。虽然我们每天会花大量的时间在刷朋友圈这件事上，但是在这个信息过剩的时代，如何让刷朋友圈的人在你的朋友圈发布的信息上停留较多的时间，你的文字不仅要字斟句酌，而且能够引起别人的兴趣。

（2）关键词重点突出。通常大家在朋友圈刷屏都很快，很多文字、图片会一掠而过，如何让目标客户一眼就看到重点？

可以采用"关键词突出"的方法，即对要表达的关键词加重点符号，譬如，【　　】、##，都可以起到关键词提升和引人注意的效果。

（3）图片选择及排版。微信朋友圈最多可以排列九张图片，图片排列不同，产生的视觉效果也有所不同。

一般在发硬广时选择一张图片，这张图片要综合所表达的信息，以使得目标客户更多地集中在该张图片上，可以将在微信圈发布的文字部分难以展示的产品特色、规格、详细介绍及其他内容都排版在这张图片中，引导目标客户点击并认真阅读图片内容。

如果选择九张图片，可以通过不同的组合形状来传达不同的效果，与此同时，也要集中在一张图片上展示比较综合的硬广信息，因为目标客户不可能对每张图片中出现的内容都仔细阅读。

这张带有综合信息的图片要通过一定的方法引导目标客户去点击。在朋友圈上的图片都是以正方形形式呈现，发硬广图片时可以在原图中发送长方形图片，这样仅仅可以看到正方形所能展示出的那部分，也是图片正中心的部分，因此，建议在图片正中心部分做一些突出性的标志，引导目标客户点击并了解图片中看不到的、被隐藏起来的内容。

总结一句话：朋友圈营销卖的是信任，卖的是直接击中需求。本节内容同样适用于微商。

第17堂课

搅活微信群

一、巧建客户群

微信群是微信中另一大互动营销阵地，和个人微信朋友圈一样，同样不容忽视。企业进行微信群营销的最好方式是建立属于自己的客户群，最好是精准客户群。后期在客户群管理完善的基础上，也可以吸引目标客户加入客户群。

建立一个微信客户群，首先点击微信页面右上角的符号"+"，在出现的小页面点击"发起群聊"，就可以在新出现的微信朋友通信录中选择你的客户，建立一个客户群了。

建群的过程非常简单，但是，许多企业在建客户粉丝群时发现，由于群成员是被动拉入群中，难免会出现较多目标客户甚至准客户并不愿意加入企业客户群，被动加入后很容易出现退群的现象。

针对这种情况，企业可以采用一些鼓励和吸引措施，譬如，加群发红包或发送优惠券等方法。

案例 1　小雨的朋友圈消息

图 17-1 是一位模型企业员工在微信朋友圈发的一则消息："亲们，告诉大家一个好消息，老客户大回馈的活动公司那边已经批下来哦，挑选几款特别热门的模型，1 折起拍，注意哦，重要的事情说三遍：1 折起拍、1 折起拍、1 折起拍。为防止同行捣乱，我们这一次拍卖在微信群里，加群的朋友需交 9.9 元入群费用（注意不退入群费用）9.9 元抵现金，9.9 元变 50 元，下次您购买模型的时候可以直接优惠 50 元（注意优惠 50 元的人群只限于未拍下产品的朋友们，产品价格 100 元以上可使用）。拍下的亲可直接在我们天猫店铺下单，以下单金额为准，下单金额 - 拍卖金额 = 微信直接好评返现金额。愿意参加的亲可以直接私聊我，也可以留言想要哪款模型直接拿来拍卖，我这边统计人数较多

图 17-1

的模型，拿出来拍卖！"

这则消息的信息量很大，核心信息两点：

（1）微信群拍卖活动预告。

（2）9.9元入群变50元现金券。

核心信息并没有直指要建立客户群，但是一个完美客户群很快就可以应运而生，每个进群客户还需要交9.9元，9.9元变50元优惠券，与此同时又带来了后续消费，吸引的绝对是精准客户群成员。

这是线上吸引精准客户加群的方法之一，不同的企业可以运用不同的方法来吸引精准客户加入客户群。

吸引客户加入微信客户群只是良好的开端，最核心的环节还是客户群的互动管理。许多客户群因为管理不当，最后只能沦为广告满天飞的广告阵地，或陷入一潭死水，出现群主说一句话没有任何人回应的尴尬境地。

因此，如何进行客户群管理并搅活客户群生态才是微信客户群建设的重中之重。

二、客户群管理

微信客户群管理并不是一件容易的事情。与公众号管理相似的一点是：前期，担心客户少；客户增多以后，又面临着一系列的管理问题。

先来认识一些微信群的基本功能。

1. 群主管理权限

微信群的建立者即为群主，群主比一般群成员拥有更多权利。企业建立客户群时可以指定专人来建群，譬如，相关项目的负责人、营销专员或市场专员等，并授权他们进行微信群的管理。群主的微信号最好申请为企业专用微信号，更方便企业其他管理人员来实施群管理。

在微信群中，只有群主可以启用"群管理"功能。在"群管理"功能中可以设置群聊邀请方式，进行群主管理权转让等。如果群主启用邀请模式之后，进群必须经过群主确认；不经过群主确认不能随便加为群成员。当群主不担任该职位时，可以将管理权转让给该群的指定群成员，该成员自动调整到整个群排序第一位，成为新的群主，拥有管理该群的所有权限。

也只有群主可以设置"群公告"。群主可以通过修改群公告的方式发布通知，通知信息会以微信消息的形式出现，会同时通知所有人，在群聊页面中会显示出"有人 @ 我"的界面。

2. 群主管理细节

设置群名称：

群主建群后，应该先设置一个群名称，群名称可以在企业品牌名称的基础上拓展，要和企业品牌名称相一致，让群成员对群性质一目了然。譬如，"微管理核心客户 6 群"、"微管理新客户 1 群"。在客户群名称中加入数字，对于客户群庞大的企业，更便于管理；但是，对于客户相对较少的企业，可以有针对性地加入数字，则会给群成员一种该企业客户群比较大的感觉，更利于构建企业的专业性。

修改群昵称：

群主通知所有人修改群昵称。作为企业营销人员，在进行微信营销的过程中，不论是加入自己的群还是加入别人的群都应该善于利用这一点。群昵称的格式最好设置为"自己的名称+自己的职能+联系方式"。对于一个微信营销者来说，修改自己所在的每一个群中的群昵称，对于以后能在这些群里增加客户、拓展业务非常有帮助。

明确告知群定位：

所有作为企业营销人员的群主都必须明确自己的职责，告诉所有的群成员本微信群的定位，允许做什么和不允许做什么，要在微信群建立初期就明确好规则，培养群成员形成良好的群秩序意识。

案例 2　客户群的有效管理

前面我们在"一对一"服务中提到的顺和健康客户群，也是客户群有效管理的一个值得参考的案例。

顺和健康建立客户群后，为了更好地与客户进行一对一沟通，对群内发言和咨询时间进行了严格规定："顺和健康群友情提示：为使大家有一个安静和谐的交流环境，群内禁止任何形式的广告、投票、点赞、公益、红包以及与健康无关的内容。晚十点之后，早八点之前，为静默期。"

置顶聊天：

群主可以推荐比较活跃和比较忠诚的客户将本群设置为置顶聊天。被置顶的群会受到用户更高的关注度，也可以推荐用户将本群保存通信录，可以在通信录中进行查找。

推广群二维码：

群二维码的作用是可以进行该微信群的转发推广，不仅群主，群成员也可以通过转发二维码，邀请其他客户或目标客户加入该群。二维码的发布途径较多，可以线上分享，也可以线下分享。为了保证客户体验及防止乱加群成员的情况出现，客户在扫描群二维码的时候，可以自动设定识别有效期，这个有效期是七天，七天之后二维码作废，可以有效避免乱加群现象。

语音群聊：

在微信群中，经常会遇到的一个问题是某些问题无法用群聊模式进行快速、有效的表达，此类情况可以开启语音群聊的功能。在聊天对话框中点击语音聊天，勾选需要组成聊天的成员，相当于形成了一个线上实时会议模式以方便沟通。

保存聊天信息：

对于企业微信群管理者来说，群聊中的聊天信息也很重要，需要收集和保存。可以通过长按聊天信息，点击"更多"，然后勾选需要传达的信息，这时候选择左下角"转发"，就可以逐条转发或将所有的群聊信息一并转发保存后进行整理。

未读消息设置：

当一个群主管理若干群时会出现消息太多而忘记回复的情形。对于企业微信群来说，群管理者忘记回复信息可能会导致客户体验下降，从而影响客户忠诚度。为避免上述情况，可以将消息设置为未读消息，长按需要设置的微信群选择标记为未读；接着，微信群的右上角就可以显示出该条微信群里面还有多少信息未被读取，可以提醒群主查看信息和及时回复。

群收款：

微信群可以实现快速收付款，在微信主页面点击右上角"+"，在下拉菜单中选择"收付款"，可以选择与全部或个别群成员进行"群收款"，方便进行团购或缴纳活动经费。

三、客户群互动技巧

通过前面讲述的一些群管理的功能可以实现一些群的简单管理，但是真正要让客户群生存下来并得到有效发展，还需要通过企业微信群管理者和群主的精心运营。

1. 成为意见领袖

企业微信客户群，与一般意义上的微信群有所不同，在企业微信客户群中，作为企业营销人员的群主一定首先要成为该群的意见领袖，烙上企业文化标签，铸就企业品牌。

同其他微信群一样，企业微信客户群是为群友提供了一个可以自由表达的平台，群成员之间要有交流和互动。因为群成员包括群主都是平等的，在定好规则的基础上可以畅所欲言，不能片面地理解为"群主"或"意见领袖"即可成为大家的领导者，这是完全不同的概念。

如果要确切打上标签，在企业微信客户群的"群主"应该是一个服务者，而"意见领袖"应该是一种黏合剂，起着使大家交流更顺畅、更活跃、更友好的作用。

因此，作为群主的企业营销人员应该从各方面打造自己，使自己成为群里的意见领袖，从而在群管理的基础上玩转群经济。

2. 培养群活跃分子

一个微信群能否热闹起来，不是靠一个群主或意见领袖就可以做到的，必须还要有群活跃分子，才可以搅活微信群。

那么，如何培养群活跃分子呢？

（1）加入企业人员。在同一个企业微信客户群中，可以针对性地加入几个企业人员甚至完全植入一个运营小组来作为该微信群的活跃分子。

微信客户群所引入的企业内部人员应该以普通客户的身份加入微信群，在关键时候，他们可以站出来响应群主或意见领袖的发言，在群里比较安静时也可创设一些话题来与群友互动。

（2）挑选忠诚客户。当企业人员和经费有限时，可以挑选一些比较活跃的忠诚客户作为该群活跃分子，将活跃群友变成自己的推广者和营销者，这些客户在微信群中的积极互动可以调动整个群的热烈气氛，成本也较低。

从忠诚客户中挖掘挑选的活跃分子往往比企业内部员工的互动效果更好，因为这些客户和其他客户的出发点相同，可信度更高，更容易带动其他客户的活跃度，使群成员之间的关系更趋紧密。

（3）设置群助手。在群聊互动中，有一些插件可以被有效利用，从而提高群管理水平。譬如，群助手。群助手是机器人，在一定程度上可以提高办事效率，也可以协助群主搅活微信群生态。

群助手可以自动回复，还可以组织群活动，会负责出题目、解答问题并计算积分后选出最后的获胜者，譬如，举行成语接龙小游戏，吸引所有的群成员参加互动。

同时，可以利用机器人存储大量文件或链接。没有群助手时，当某个群成员需要得到某个链接时，需要找工作人员，该工作人员必须时时刻刻微信在线才能及时回复，比较耗时耗力，但现在就可以通过群助手，将文件链接设置为相应的关键词，只要客户输入关键词就可以获取文件链接和相应的说明，大大简化了服务的难度并提高了服务水平。

（4）创设群话题和提供群价值。要搅活微信群的生态，还要不断创设群话题并持续提供群价值。

作为一个企业客户群，对群话题的选择要非常慎重，一般要选择与企业相关的话题，在此基础上，可以延伸选择与企业品牌相契合的话题以及时事、自然和有趣味的话题，来充分调动群成员的参与热情。

企业可以适时安排群活跃分子在群内直接进行一些产品的咨询，以此为契机，可以发送一些产品的相关资料，吸引更多客户的注意和关注。一般来说，直接发图片和文字介绍的传播效果要比发送链接的效果更好，企业应该尽量避免采用过多的文字链接，而是采用更为直接的图片和简单的文字结合的形式。

企业还可以在微信群中推介精彩的微信公众号推文，在微信群内转发时，推文只会默认显示最前面的 36 个汉字，因此，设计好这 36 个汉字的内容就显得非常重要，直接决定着客户是否被吸引打开。

在创设话题的基础上，可以适当穿插一些群在线活动，譬如，提供一些客户福利，如优惠券、代金券、产品试用装、小礼物等，可以用抢红包的形式进行分发，也可以通过奖品设置以做游戏、拍卖等形式来实施。

值得一提的是，在线活动之后要注意对互动活动进行总结。鼓励得到奖品或试用品的客户发布正面的产品体验，从而形成有效的正面传播。

（5）从线上到线下，与线下互动活动相结合。当企业微信群发展到一定阶段，就需要与线下活动结合起来进行互动。线下活动会成为搅和微信群的另一个重要的途径。

采用线上线下相结合的形式，才能更好地稳固与客户之间的关系。研究表明，微信的线下活动，可以增加客户和企业或商家之间的黏性，有利于"粉丝"到成交客户的转化，同时使客户之间相互熟悉，拓展为生活中的朋友。当客户在同一个微信群或微信平台形成朋友关系并链接得较为紧密时，客户会自然而然地与此微信群或微信平台产生更紧密的黏性，增强了客户对企业品牌的信任度和忠诚度。

关于线上线下互动活动的具体内容会在下一堂课做详细叙述。

需要注意的是，在运营企业微信客户群时，一定要重视客户，尊重客户，多站在客户的角度思考问题，及时对客户的问题和意见给予反馈，使客户真正感受到企业对客户的重视和关怀，并为客户持续提供服务和价值。

四、打造企业微信社群

微信群是搅活企业内、外部生态的一大通道，是微信平台中重要的一环。企业中的不同微信群，就相当于企业的一个个线上会议室，可以便捷地将分属不同群体的企业利益相关者集合在一起，传达推广信息和商讨解决问题。

围绕企业管理功能，企业内部可以有计划地组建各种有机组合的微信群，譬如，企业内部可以建立起部门管理群、产品群、销售群、研发群、项目群、采购群等；企业外部可以建立起客户群、地区客户群、粉丝群、代理商群等。

这些不同的微信群就构成了企业的微信社群。

企业打造属于自己的微信社群，要把握以下几点：

1. 建立有价值的微信群

有针对性地建群，不论是企业内部群，还是外部群，都要为群客户提供价值。

案例3　车友群的营销效果

图17-2所示为一个车友群，看似是一家4S店所建的车友群，其实是以一家

具有4S店服务性质的专车保养企业为核心的车友群。

车友群建立的初衷是车友互助，会举办一些线下活动，促进车友交流合作。

加入此群的车友在车头和车位分别贴有一张车友会标，车友会成员如果在路上看到没贴会标的同品牌车，就会想办法让车主入会，因此这个群也越来越庞大。

看似简单的车友群，对于车友中的那些具有服务性质4S店的专车保养企业的老板，以及其他一些相关行业的企业管理者来说，却是商机无限。在交流互助的同时，促进了专车保养公司的咨询量和业务量，同时也增加了与其他行业的互助合作。

企业可以根据自身资源，通过其他衍生途径，建立相应客户群，促进客户交流互动合作的同时，也可为企业自身带来潜在的营销效果。

图 17-2

2. 进行互动交流

一个有活力的微信群，必须有频繁的沟通互动。那么该如何激活微信群，提高所有群成员的参与度和活跃度呢？

可以采取线上线下相结合的方式，前面提到的车友群，就是一个很好的例证。

在车友群的案例中，有一种互动方式可以参考，车友群成员开车出行时，碰到同群成员的车，拍下该车的照片，被拍照的一方要在群里发红包，金额不限，起到了很好的活跃气氛和互动的效果。

3. 服务和分享

企业有针对性建立的微信客户群，最核心的理念一定是服务，服务的同时分享，以企业的分享，带动群成员的相互分享，结合线下活动开展精准服务和营销，从而最终达到共赢。

此外，企业的微信公众号运营者可以将公众号推文推送到各个群中，一方面，可以让群成员更好地了解企业信息和企业文化，激励群成员分享转发；另一方面，微信公众号的部分推文内容也可以从这些群互动精华中产生，通过群互动来生成创新的内容。

将企业微信群和公众号有机联系起来，结合其他微信通道，协同运作，形成良好的企业微信生态。

案例4　酣客公社的社群运营

图 17-3 所示酣客公社是中国第一个互联网白酒品牌，志在打造作品级酱香型白酒。如今互联网创业进行得如火如荼，然而成功存活下来的企业却寥寥无几。作为互联网经济环境下的"幸运儿"，酣客公社以 40 岁至 60 岁的企业家为核心"粉丝"，成为目前中国"粉丝"数量最少，但营业收入最高的中年企业家粉丝群。

图 17-3

自腾讯公司推出微信至 2015 年第一季度，微信月活跃用户已经达到 5.49 亿，各种品牌的微信公众账号呈几何级速度增长。微信营销一时间成为最热门的词汇。微信的便捷性和丰富的社交功能吸引了众多商家建立微信社群，微商风生水起。然而，繁荣背后暗潮涌动。大量的信息、枯燥的内容、缺乏创新性、低价值感导致了退群潮，微信社群成为了众多商家面前的鸡肋。

2014 年酣客公社建立了一套完善的微信社群运营结构，通过微信社群发布产品和封测活动等信息。消费者可以通过微信社群、分社官网、酣客"粉丝"等渠道购买到酣客酒、金刚城堡等系列产品。酣客"粉丝"替代了传统意义上的经销商，他们主动向周围的人宣传酣客公社的产品并及时地向分社反映顾客的需求信息。

酣客公社成功打造了以中年企业家为核心"粉丝"、高商业价值的微信社群，成为了微信营销的标杆。那么酣客公社运营社群的秘诀是什么呢？

1. 线上渠道降低渠道成本+虚拟品牌社群拉近与消费者的距离

白酒行业传统营销渠道主要包括直销、分销、专卖店三种模式。直销主要是中高端白酒品牌针对政军等消费群体开展的团购渠道；分销则是通过代理商、分销商、零售商等中间商将产品销售给消费者；专卖店是名优高端白酒企业诸如茅台、五粮液等独有的渠道模式。近年来，在"互联网+"的推动下，白酒企业也纷纷布局，尝试"触网"。但酒企触网的经历并不是预料中那么愉快。继茅台向酒仙网下达"封杀令"后，2014年郎酒集团发出"红花郎［2014］16号"文件，要求各经销商停止向酒仙网、1919供应红花郎酒。尽管酒企与电商分分合合，"感情"不稳，但酒行业传统多渠道、多环节的分销模式将被彻底改变，整合、跨界、颠覆成为酒类行业营销的主流趋势。白酒与互联网"牵手"成为大势所趋。

酣客公社顺势而为，推行基于移动互联网的FFC模式（见图17-4）。王为将FFC模式概括为去中间商化、"粉丝"化、互联网化运作。酣客公社的FFC模式设计，志在以"粉丝"经济颠覆传统商业模式，让产品形成从工厂（Factory）到"粉丝"（Fans），再从Fans（"粉丝"）到顾客（Customer）的产品流，以最大限度减少中间的商业环节，为消费者带来最大的消费利益和优惠。传统白酒代理模式是3级渠道结构，产品的价格构成主要包括广告费用、渠道费用、流通费用、代理商利润等。在王为看来，白酒传统的分销模式产生了高昂的渠道费用，直接导致产品价格远远超出成本价，而消费者却要为此埋单。同时，中间商把厂商和消费者隔离开来，利用手中掌握的定价权和信息不对称优势，让厂商和消费者之间的距离被人为地拉大。

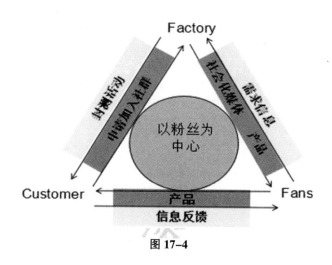

图17-4

第四届酣客节，酣客公社的创始人王为讲解微信社群运营时揭开了酣客公社运营的神秘面纱，"酣客公社的成功可以归结为以下12个关键词：攒粉、保粉、黏性、格调、温度、亮度、内容、运维、导演、核武、阵地、转化"。在老王看来，"一个优质的社群首先应该是系统化运维的社群，酣客公社的成功得益于社群管理结构的合理设置和明确的层级划分。社群的管理者要塑造导演感，把优质的原创内容作为核武器在合适的时间投放。在后物质时代，社群应该建设成高格调、有温度的心灵家园，这样才能增强粉丝黏性，才可以顺利实现商业转化"。

酣客公社在社群架构方面分为三个层级，即总指挥中心、分社、大队。酣客公社总社群、酣客公社总舵主群、管理委员会群，这三者组成了酣客公社的总指挥部和战略决策部。

总指挥中心的主要功能是组织酣客公社"粉丝"全国代表大会、酣客节等，培训和指导地方分社以及地方大队更好地使用互联网，使用微信这个工具。

酣客公社的分社及大队的负责人多是酣客铁杆"粉丝"和企业的管理层。地方分社和地方大队属于落地社群，是酣客总社的落地执行机构。

目前，酣客公社在全国各地发展了近40个分社，这些分社往往是由当地的意见领袖社员组建，组织酣友汇等线下活动，为周边的社员提供服务和活动的场所。分社集合酣客酒的订单之后转给总社，总社就把产品发给分社。分社可以在一个县设立，也可以在一个市设立。但总社与分社并非上下级关系，只是分社为"粉丝"服务，总社为分社服务。大队则是一个超级铁粉把他的朋友们拉到微信群，是自由产生的。

随着企业的发展，部分分社自发地开始建设线下体验店，实体店是社员众筹组成。由于各地分社不以盈利为目的，是没有利润的，所以总社会给分社补贴。例如你需要提高物流速度，总是要有仓库，所以有物流补贴；再如需要组织大家搞论坛、做沙龙、做酣友汇，给品鉴酒补贴。

在社群管理方面，酣客公社也建立了专职的管理体系。在酣客总社、地方分社、地方大队，群管分别称作酣小二、酣小三、酣小四。他们各自承担着维护社群秩序的任务，同时也是酣客公社发布官方消息、推行官方活动的代言人和执行者。

2. 积攒"粉丝"+增强"粉丝"黏性

在酣客公社创始人王为看来，今天能让消费者埋单的更多的是一种族群意识，以这种消费动力为能源的经济称之为"粉丝"经济。酣客公社成功地打造了一个以中年企业家为核心的"粉丝"群。那么，酣客公社凭借什么积攒"粉丝"？又是如何增强"粉丝"黏性的？

（1）积攒"粉丝"。互联网时代，"粉丝"对电商的重要性不言而喻，小米公司的成功就是佐证。但申请加入酣客公社并不容易，行一道"入门礼"是必需的。首先，申请者需要按照自己的需求购买若干箱酺客公社的封测酒，并且参加当地酺客公社的封测活动和FFC课堂；其次，申请者通过比对酺客酒与茅台、五粮液等高端白酒，完成封测报告，提交给分社，由分社提交总社审核。假如总社认可封测报告质量，会要求申请者提供专属的酺客公社内部名号，然后向申请者颁发刻有其名号的酺客全铜官印。完成上述步骤后，申请者即正式成为酺客公社的一员。此后，可凭借酺客铜印参加全国各地的活动。在其他社群绞尽脑汁增加成员数量时，酺客公社设置的这道门槛显得有些"另类"。对此，王为秉持这样的运营理念：成员数量并不能够衡量社群运营的成败。一个成功的社群，背后应该是一个具有相互认可的价值观、具有相互认可的行为规范、具有共同理想和追求的族群。申请者跨越这道门槛的过程，也就完成了对酺客公社行为规范和价值的初体验。

攒粉的方式多种多样，比如很多商家通过线下扫码即有奖励的手段获取关注。酺客公社常用的攒粉手段包括手动拉粉和自动吸粉两个阶段。酺客公社创立之初不过200名"元老酺客"，由总社群管"酺小二"主动拉人，各地"粉丝"中的意见领袖可申请建立分社，铁杆"粉丝"会主动拉粉。同时，酺客公社通过线下封测活动和酺客生态大学等高效吸粉。

在具体操作层面，酺客公社有着自己的吸粉心经，身份等级与独特的定价策略双管齐下。自2014年开始运作，酺客公社的"粉丝"体系初成规模，可以划分为元老酺客、魁首酺客、立宪酺客、融彩酺客和精彩酺客5个层级。每个层级都有固定的名额，如元老酺客只有200个名额，魁首酺客有1000个名额，立宪酺客有10000个名额。每个层级一旦满额便停止接受新"粉丝"加入。换而言之，尽早加入酺客公社才能有机会进入较高的层级。更具吸引力的在于，酺客公社将身份等级与产品的定价挂钩。在酺客公社，不同身份等级的成员在购买酺客系列产品时，享受不同力度的优惠。元老酺客在参加当地分社封测活动时，可以99元/瓶的价格购买酺客酒；而第二层级的魁首酺客只能以149元/瓶的价格购买酺客酒；第三层级的立宪酺客只能以199元/瓶的价格购买。也就是说，酺客酒的交易价格随着酺客层级降低而上涨。同时，酺客酒的价格会根据物价上涨指数再加8%左右的加价率。显然，越早申请加入酺客公社越有机会获取更为丰厚的产品红利。

（2）增加"粉丝"黏性。《连线》杂志的创始人之一凯文凯利在《技术元素》一书中提到，"任何创造艺术作品的人只需要有1000名铁杆'粉丝'就可以养家糊口"。铁杆"粉丝"会时刻关注你的信息，重复购买你推出的产品。他们还会充当免费广告，向周围的人推荐你的产品，甚至对其他竞争性的产品产生敌对性情绪。酣客公社运营成功的表征之一，就是在短期内打造了1万余"粉丝"中有8千铁杆"粉丝"的阵营。

那么酣客公社是如何促成一般"粉丝"向铁杆"粉丝"转化的？

1）闪出格调，社群格调是增加"粉丝"黏性的关键要素。很多微信社群都习惯采用"地毯式轰炸"策略。为了引起成员注意，机械地转载同样评论内容的产品广告。这种狂轰滥炸式的主动推送手段通常会引起成员心理抵抗，进而萌生退出社群的心思。显而易见，在信息爆炸时代，缺乏真诚、无病呻吟、缺乏原创的内容成了扼杀"粉丝"的利器。酣客公社坚持原创和人文关怀，打造了高格调的微信社群。

2015年4月在郑州举办的酣客节结束之后，酣客公社内部开展了酣客快闪活动。谈及酣客快闪，王为这样解释道，"酣客快闪即所有酣粉将一条相同的内容在微信圈转发，保持每半个小时发5次的频率。但要点在于每次转发都必须是'湿发'，即配上个人的评价、推荐、感动语"。王为总结了评论内容标准化写作模式的5个要素，即坚持原创、坚持真诚、发表的评论在三行以上、评论中争取不带错别字、坚持"湿发"。同时，根据以往运营经验，酣客公社总结了成员每天使用微信的高峰段。早高峰和晚高峰是微信使用量最大的两个阶段，分别出现在早上8：00~10：00，以及晚上9：00~11：00。社群管理者会在这两个高峰段到来前做好充分的蓄能，例如准备信息"弹药"，安排成员围观等。把握目标人群使用微信的规律是保证快闪效果的基础。酣客快闪活动让很多人感受到了原创与情怀的魅力，增强了"粉丝"黏性。

2）高社群价值感，原创内容和情怀成就了酣客公社高格调，吸引了"粉丝"关注。切实可得的社群价值则是突破"粉丝"心理防火墙的有力武器。首先，酣客公社提供了一个具有学习价值的平台。通过线下酣客生态大学和线上微信运营，酣客公社向成员讲授如何鉴别白酒品质、互联网经济以及酣客FFC商业模式等知识。酣客公社创造了白酒品质视觉化手法，并制作视频供成员学习。《问酒》视频中提到，"一问酒线，优质白酒拉丝成线；二问酒花，酒花当细如小米，绵长坚韧；三问酒杯，好酒可高出杯口；四问水，加水入酒，其必浊变……"参加封测的酣客公社成员酣客三郎在朋友圈分享自己的体验，"洛阳封测，酒醅、对饮杯、酒线、酒花、挂杯、酒伴、裸体酒，有趣涨姿势有没有？"同时，酣客公社会邀请各个行业的大咖走进各地的酣客生态大学，向社群成员传授营销知识，讲述经济新常态，提供企业咨询等。其次，酣客公社提供了一个具有高社交价值的平台。

不同于一般虚拟品牌社群，酣客公社的成员构成独具优势。酣客公社的成员来自不同的领域和企业，包括酒行业的资深"酒鬼"，互联网领域的极客和创客，移动互联网及移动电商领域的专家，自媒体专家，微社群领袖等。其中不乏腾讯、联想集团、58同城、阿里巴巴、百度、吉林森工、獐子岛、四季沐歌、易观国际、北极冰集团、寰宇科技等知名企业的骨干。酣客公社倡导靠谱和敦厚的价值观，培养社群成员利他主义精神，以"众智"的方式向成员提供免费的企业咨询服务。再次，酣客公社提供了一个购买高性价比产品的平台。优质的产品和服务是虚拟品牌社群得以生存和发展的依托。酣客公社向成员提供品质可以与茅台等高端白酒相媲美的酣客酒，并且以较低的价位出售给社群成员，通过高产品红利增强成员黏性。最后，酣客公社提供了一个具有高娱乐价值的平台。酣客公社建立了线下的体验场所和消费场所——酣客酒窖。酣客酒窖是酣客注册"粉丝"投资的新型消费型会所，在每个城市，以不超过十万人一家的规模扩张。酣客酒窖有两个娱乐功能，一是进行产品封测，"粉丝"在这里拉酒线、看酒花、烧裸体酒、验酒机等；二是进行聚会，酣客酒窖充当了一个聚会的场所，酣客公社"粉丝"可以在这里喝茶、拼酒、聊天、聚餐等。

3）打造价值体系。如图17-5所示，酣客公社着力于打造具有温度和格调的精神家园。在王为看来，种种迹象表明，整个中国已经进入后物质文化时代。全球经济的风向现在有一个巨大的转变，文化密集型的产品和精神密集型的产业在空前地崛起，以互联网技术为核心的新型互联网业态在高速发展。站在经济转型

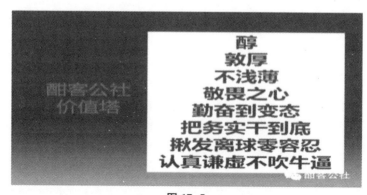

图 17-5

的风口，酣客公社探索着互联网时代的生存之道。酣客公社以中年企业家为核心"粉丝"，谈到这个群体的生活状态与追求，王为语气平静，"中国企业家被迫生活在复杂的社会环境中，他们憎恨复杂，在酣客公社他们找到了简单，能够儿童化生存，无须防备什么。在一个没有情怀没有温暖的社会，酣客公社人人以温暖为常态。与其说酣客公社是一个互联网白酒社群，不如说它是一块人性的绿洲"。

从社群创立伊始，酣客公社就不断地塑造和强化酣客的价值体系。酣客公社提出--瓶酒引发精彩人生，以靠谱和敦厚为行为准则，宣扬和靠谱的人做靠谱的事。在酣客公社，靠谱与敦厚的价值观体现得淋漓尽致。2014年4月，在郑州召开的酣客节上，在规定程序之外，应"粉丝"要求，酣客老王增加了演讲，其内容意外解密了一份内部文件，即酣客公社微信社群的内部管理教程。令人惊喜的是，"粉丝"可以免费拷贝这份价值千万的内部文件。作为酣客公社的创始人，王为经常在全国各地的酣客生态大学免费传授互联网经济下的营销之道，并指导有需要的"粉丝"进行传统企业的转型。除此之外，不同于一般社群，酣客公社允许其他成员借助这个平台推广自己的产品。酣客内企业家自己做的产品可以向酣客公社推荐，酣客公社认为它可以变成酣客公社的核心产品，就会将该产品作为核心产品在社群内推销。即便不能成为核心产品，企业家们也可以在酣客公社里面去自由交流，产品可以自然成交。酣客公社帮助成员推销产品是免费的，只要产品质量通过高标准检验即可。

传统业态下，价值链条上传递的是物流、资金流和信息流，而互联网业态下多了情感流。这种情感流在一定程度上反映了文化认同感。文化认同指的是个体对社会组织的归属感和组织价值观的认同感。酣客公社的成员对酣客价值体系的认同成就了酣客公社的温暖与高格调。

资料来源：中国管理案例共享中心，有修改。

第18堂课

四段复盘：良性互动激活微信营销

"形而下者谓之器，形而上者谓之道。"微信营销，说到底拼的是模式创新！只有思维跨越没有禁锢和界限，创新才会如约而至并永无止境。

这与时尚新锐的生活态度"跨界"有异曲同工之妙。在大众眼里，跨界似乎是一个高大上的概念，只有潮流人士才在追寻它。事实上，"跨界"在营销界早已不是什么稀奇的事，"跨界"可以很简单，说简单点是一种合作或联盟，寻求非业内的合作伙伴，更好地发挥出优势互补的协同效应。

线下的企业品牌合作可以实现跨界，而在线上，借助微信平台，使得企业跨界合作更加得心应手。譬如，公众号之间的引流、互推，都是简单跨界合作的表现形式。

"道可道，非常道"。颠覆传统思维，不禁锢于模式，不拘泥于形式，让盈利变得有趣，让生活变得有料，让未来变得触手可及，这才是微信营销最让人欲罢不能的地方。

谁说不是呢？

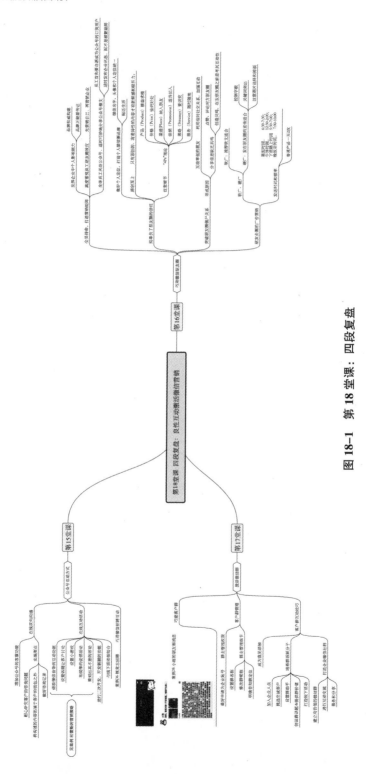

图 18-1　第 18 堂课：四段复盘

第19堂课

线上线下完美契合

一、线上线下相结合，打通消费闭环

随着社交互动的商业化和营销化，商业模式的创新层出不穷，越来越多的人已经认识到：未来，不会再有单纯的传统零售商，也不会再有单纯的电子商务，未来的营销模式，一定是线上与线下紧密结合，以数据为驱动的营销模式。

打通线上线下的消费闭环，帮助客户实现在线购买、线下体验或取货的模式，让客户全程参与线上线下互动体验，为客户提供增值服务，让客户得到完美用户体验，也使得线上"粉丝"更容易实现转化，达到成交。

微信作为时下最热门的社交信息平台，也是移动端的一大入口，正在演变成为一大商业交易平台，具备"扫一扫"、"微信钱包"、"微信商城"等多功能的微信，天生就具备着将手机媒体与线下实体消费结合在一起的媒介优势，可以轻松实现微会员、微推送、微官网、微储值、会员推荐提成、商品查询、选购、体验、互动、订购与支付的线上线下一体化服务模式。提供服务和价值是线上线下相结合开展营销的前提。

线上线下并非针锋相对或相互取代，而是互相促进、互相补充的关系。

1. 线上向线下，怀念不如相见

从线上到线下，企业借助微信的线上推广来获得更多的"粉丝"，但是要想一直获得这些"粉丝"的关注，就要借助线下面对面的沟通。企业要将线上、线下结合起来，从而培养出忠实的"粉丝"，增加了企业的归属感。

有些企业的产品虽然可以没有实体门店，但也要拥有线下的服务，提供线下体验，使客户更加信赖产品，提高客户忠诚度。

许多线上交易平台都在进行线下突破，譬如，聚美优品，开线下体验店，引导客户进行线上产品的实地体验。体验店除了展示产品外，还能提供免费试用、美容和护理等服务，但是线下体验店不提供销售服务，线下试用产品后只能通过线上进行购买。

事实证明，在线上提供线上服务，同时在线下开展线下服务，将线上线下合理地、有效率地融合渗透为一体，将线上交易作为线下交易的根基，同时线下交易又对线上交易进行保护，形成一种你中有我、我中有你的完整成熟的交易模式，受益的不仅是企业，还会给予客户更舒适、更安全的用户体验。

案例 1 "颜之惠"线上线下有机契合

进入"颜之惠"的微信公众号，可以看到右下角的自定义菜单名"APP神器"，其二级菜单有："关于我们"、"下载通道"、"如何玩转"、"招募加盟"、"联系我们"，如图 19-1 所示。

图 19-1

一眼看过去，"如何玩转"很吸引人，这是要玩转什么呢？

点开就会明白，这是对如何玩转"颜之惠"APP 的详细介绍。"颜之惠"，实质上是一家刷脸免单的 APP 平台。

通过"颜之惠"公众号右下角的"下载通道"就可以点击下载"颜之惠"APP，此公众号也具有线上导流的作用。

"刷脸免单"是颜值经济最切实的体现，这一点在"颜之惠"彻底得以实现。

与其他图片 APP 不同，"颜之惠"中自拍照片像朋友圈一样，可以发送上传，浏览者在观看的同时可以为此张照片进行类似点赞的操作，被称为"送颜币"。颜币的多少显示出该照片主人的颜值高低以及受欢迎程度。该用户发送的所有照片所拥有的颜币总数就是此人账户对应的全部"颜币资产"。

"颜币资产"也不是单纯的虚拟资产，其具有货币属性，可以去平台所签约的商家抵扣现金进行"刷脸免单"消费，也可以直接在线当钱用，买买买，还能够提现。

巧妙地把"点赞"摇身一变成为"颜币"后，刷脸免单这件事就真正落地了。

"颜之惠"的主打用户是潮男靓女，因此，合作的商家也几乎全是城市最时尚的地方。同时，APP 里还有排行榜自动计算颜币高低，每周进榜的高颜值男女会被邀请参与"颜之惠"官方组织的"霸王餐"、"大剧场"、"超级盛典"等线下活动。

在线上线下相结合的活动之外，"颜之惠"创立线下实体餐厅——"颜饭"餐厅，是"颜之惠"自营的用户专属餐厅，国内首家"网红概念餐厅"。

关于"颜饭"的介绍是这样的：

"颜饭"的寓意是说：①这里都是"颜之惠"的 Fans；②这里是用颜值来吃

饭的。

"颜饭"同时也是颜宝宝们的精神家园，有餐厅、酒吧、KTV 等多种用途，有专门的网红直播区供主播们做直播，在"颜饭"、"粉丝"有和偶像共同用餐的机会。

"颜之惠"是从线下到线上，从线上到线下，线上线下有机契合的典型案例。

将线上创新与线下实体餐厅相结合，在把线上流量引流于线下的同时，将线上客户的无形体验与线下有形体验实现无缝对接，最终的胜利靠的是线上与线下资源的有机结合，有效避免了因为线下合作商家的价值和服务跟不上"颜之惠"自身的创新而造成的不和谐体验，为客户提供更完美的用户体验。

2. 线下到线上，为线下营销插上隐形的翅膀

许多传统线下企业，如百货零售业、家居行业、餐饮行业等，在微信营销如火如荼的今天，纷纷试水微信公众平台。

几乎每个线下店面的门里门外，都摆满了各种打印上二维码的 X 架、海报、DM 传单等材料，营销人员不厌其烦地引导和鼓励面前的客户使用手机扫描二维码获取各种优惠待遇。

在各个企业公众平台上，五花八门的企业微店应运而生，各种各样的衍生产品摆满了微店的货架。

但如果把微信公众平台仅仅作为一个可以自我支配的消息发布平台和产品展示平台，每天推送低质量的促销广告，展示五彩纷呈的产品，实质上很难得到良好的微信营销效果。

仅仅将产品从线下放到线上，这仍然还是工业化思维。线下产品进入线上营销，一定要突破线下产品的局限，要提供更多的衍生价值给客户。

案例 2　"顺和健康"的价值提升

前面我们就提到过"顺和健康"。"顺和健康"是一家健康咨询公司，核心是一家叫"历下普爱诊所"的中医诊所，坐落在山东济南历下区的东舍坊街。

见图 19-2，2015 年 1 月 1 日，顺应微信营销的大势，该中医诊所申请了企业服务号"顺和健康"，开始提供线上服务，"顺和"品牌自此创立。

"顺和"，有两重用意：其一，顺和，是健康的核心内涵，用以引导大众，通过顺和，回归健康；其二，顺和，是一个团队事业成功的内在原因，以此作为立身处世的原则和努力追求的目标。

这两大内涵高度概括了"顺和健康"将要提供的价值，已经不再局限于一般的普通线下诊所为客户所能提供的价值了。

作为一般传统线下诊所，提供的主要服务是诊断病因并提供治疗方案。但是，到了线上，所能提供的服务和价值就被无限放大，譬如，"顺和健康"正在践行"推广传统中医，提供医疗服务和健康咨询"的使命。

于是，在服务号传递的"顺和养生"和"顺和食谱"之外，"顺和讲堂"也应运而生，设立"顺和讲堂群"，每周三晚8：30，医生讲师会在线上进行中医讲座，并在服务号的"顺和讲堂"栏目中以推文形式传递。

图 19-2

案例3 【顺和讲堂】用中医思维看雾霾

原创 2017-01-12 赵训冰 顺和健康

雾霾流行，好似已成当地"特产"，醇厚而浓烈，杀人于无形。

对于它的产生，人们分析过、愤怒过、牢骚过、调侃过，但它的"身世"仍像其外表一般恍恍惚惚而让人难以看透。

其实雾霾并不难分析，它的危害更是显而易见——害不在霾，伤不在肺。

雾霾天气里感冒、咳嗽、肺心病等发病率显著增高，但就近一段时间的临床治疗，单纯清肺宣肺，效果却一般，反若透解肝气，疗效却很快。这便是上述观点"伤不在肺"的明证。

雾霾一般出现在冬天，其他三季很难见到，但是客观存在的霾却是一年四季都有，不因有雾而存在。而由临床来看，在其他季节"霾信号爆表"的时候，流行感冒的发生率却远远低于冬天。这便是上述观点"害不在霾"的反证。

之所以得出以上结论，还是以人体强大的自愈和适应能力为基础的。因为当颗粒物被呼吸进肺里时，人体的代谢系统在不咳嗽的状态下便能将其代谢出体外（矽肺病，是颗粒物超级大，人体无法代谢）。所以若单从霾身上做文章，生产口罩、空气净化器、保健品、雾霾清肺汤之类的商品根本是欠妥的。

其实，雾霾危害是出现在"雾"身上。雾多出现在春天，倘若在别的季节多见都是反常的现象。因为春天是万物复苏，大地生发的季节，植物蒸腾作用开始增多，但还到不了夏天那种多云的状态，所以多雾是春天特有的现象。倘若冬天出现多雾，这是一个反常的现象，因为冬天本是一个收藏的季节，空气越干燥，收藏得越好，才更有利于来年春天的生发。出现多雾，这说明大地在提前生发，换言之，大气在外泄！那人与天地相应，人体之气也会随着外泄，元气会变虚。

在人体，心为天，肾为地，天地相交，即是心肾相交，肝胆、脾胃为枢纽。雾郁积在半空，古人认为是"天地不交"的状态。所以对应人体，也是郁积在人体的"天地"之间，那便是肝胆、脾胃。产生郁积便会生热，这股热一直被闷着，便会在人体各个地方冲撞。往上冲，可能就会咳嗽、呕吐、心慌，往下冲，可能就会腹泻、腹痛。

关于雾霾防治，分两个层面。

一是治理雾霾，很不幸地说，这是一个非常不容易的工程。因为石油、煤炭这些好比地球肾精的黑色高能量物质过度消耗后，会变成细小的颗粒物，这一反应是不可逆的。几亿年前，地球刚产生的时候，也是尘土飞扬，硝烟滚滚，经过几千万年的演变，太阳能年年岁岁地升降浮沉四季变化，能量积累，有序地释放，才变成了这么美丽妙不可言的地球，很可惜，短短一百多年，地球就被耗成这样了。唯一的治理办法就是让"时间"去治愈，太阳的公转产生了一年四季，在四季中太阳能的生长收藏运动，本身就是对地球和人体的一个最好的长养。所以，在保证不过度消耗的基础上，才能慢慢治理。

二是个体防御，面对雾霾这种"天灾"，人体只能通过节饮食，适寒温，增强自身免疫力，并保持快乐的情绪来对抗。

资料来源：公众号"顺和健康"。

雾霾是大家都很关注的话题，也是性命攸关的健康话题。这篇讲座推文从中医角度分析了雾霾的产生原理和对人体的危害以及治理思路，在一定程度上使大家对雾霾有了更清晰的认识，这原本并不是一个传统线下中医诊所所能做到的事，但是到了线上，中医诊所能传递的价值却远不只如此。传统中医的线下诊疗方式也会通过互联网视屏等方式，实现线上诊疗，使中医的价值传递最大化。

从线下到线上，"顺和健康"将有地域局限的中医诊所的价值无限放大，而从线上到线下，"顺和健康"也在举办一些线下活动，譬如，爬山采药活动、外国学生中医体验活动、小学生艾灸体验活动、插花活动等，践行着推广传统中医的理念，倡导健康、顺和的生活态度。

运用跨界思维，线上线下互通有无，打通消费闭环，线上线下活动相结合的微信营销，其实并不是一场来自线上的快餐，而是一场线上线下全方位互动的巨大盛宴。

二、如何策划一场线上线下相结合的活动

企业微信营销包括微商开展的微信营销，都可以以活动的方式吸引目标客户参与，从而达到线上线下相互促进的推广目的。

线上线下活动相结合的意义在于：面对面的交流更容易培养忠实的"粉丝"，创作出更鲜活、更接地气的内容，有线下活动支持的线上营销才会更能集聚起信任度。同时，一般的企业微信营销平台依靠"粉丝"线上自然增长远远不够，线下活动可以通过扫描二维码等形式把线下客户或"粉丝"引流到线上，是增加微信营销平台"粉丝"和目标客户数量的重要手段。

线上线下活动，顾名思义，指活动既包括线上部分，也包括线下部分，前提是要明确以线上活动为主导，还是以线下活动为主导？

目前，最常见的形式是线上宣传推广，线下体验拓展，这种形式可以将线上活动和线下活动进行优势互补。

那么，如何策划这样一场成功的线上线下相契合的活动呢？

1. 活动前准备工作

举办一场活动的成功与否，至关重要的是活动前是否做了周到详尽的策划和准备工作，可以说完成了准备工作就完成了整场活动80%的工作，剩下的只是如何按照做好的准备推进和反馈，因此，准备工作是活动成功的重中之重。

（1）确定活动主题。确定主题，首先要明确目标。许多企业常常通过微信公众号发布活动信息，每逢节假日必做活动，但是每次活动都大同小异，其形式、内容和礼品等都与之前很相似，没有明确的主题。

任何一场线上线下活动的目标都要很明确，例如，增加微信平台活跃度，还是提高品牌传播度，或促进成交量，抑或单纯推广某一个产品？

这几个目标之间是相互补充和相互促进的关系，也许你会说这都是我们举办

活动的目标，但是在举办一场活动时，一定要明确侧重点，确定单一目标，并以此为目标来设计具体活动。

其次，站在客户角度来策划活动主题。

解决一个目标客户最核心的疑问：这个活动主要是做什么？我为什么要参加？给我一个理由！

因此，站在目标客户的角度考虑问题，活动能带给目标客户什么价值，尽量淡化商业化成分。

最后，确定主题。

活动主题要精练，有吸引力。没有好的主题的活动很难吸引到新客户，或许等到线下活动时，来的只是每次参加活动的那几个活跃分子，根本无法达到办活动的目标。

（2）确定活动方案。活动主题确定以后，着力确定活动方案。活动方案包括线上、线下两部分，分别设计好流程和注意细节。

线上预热与推广：为了保证活动的效果和参与度，线上推广要有步骤地进行。

首先，在活动之前，联系线上平台的活跃分子和忠诚客户进行一对一沟通，吸引他们参与活动；其次，针对精准定位人群做预告宣传，通过微信客户群、微信公众号对目标客户进行硬广和软文相结合的宣传；再次，全面扩大宣传途径，公众号、官网正式预告、员工微信、员工朋友圈等渠道全面铺开进行活动宣传推广。

此外，也不要忘记配合线下短信、电话，或直接面对面沟通忠诚客户，确保每场活动都有核心客户到场，如果有必要的话，也可以和各种线下推广相结合以推进活动的前期宣传。

线下流程设计：与一般的线下活动相同，根据活动主题，确定采用何种活动方式，如沙龙讲座、户外活动、游戏晚会等。

例如，同一旅游企业，如果主题是推广旅游产品，可以请知名的旅游达人进行旅游沙龙讲座，期间安排旅游产品拍卖，或以旅游产品或旅游优惠券为奖项，设置游戏环节来赢大奖。如果主题是激活线上平台客户的活跃度和参与度，就可以组织目标客户中的旅游爱好者进行短期周边游体验活动等。

根据不同的活动主题来确定活动方式，再根据活动方式来设计活动流程。

活动流程以线上线下相结合为主导，报名方式和参与方式都需要一个好的创意。

活动方案要从实际出发，力求面面俱到，所有能想到的细节都要认真标注，任何一个细节都要做到防患于未然。

2. 活动中注意事项

（1）签到：所有参与活动者都需要通过扫描企业公众号二维码进行签到。

（2）现场灵活应变：现场活动一般应按照所设计的流程推进，但也可以根据现场活动情况进行一些灵活调整。

（3）插入互动环节：活动中要注意加入一些互动游戏环节，最好是线上线下相联系的小游戏，譬如，摇红包、摇好友、发弹幕等小互动。

（4）线上实时传递：安排专人通过微信群或微信朋友圈进行现场活动照片或活动内容的实时转发，有助于为未到场的粉丝或客户提供现场体验，提高大家的参与积极性。

（5）拍照：现场活动拍照是很重要的一个环节，拍照要有针对性，为后期写活动新闻和总结做好准备。

（6）服务：现场服务工作一定要精耕细作，一场活动是否成功，与服务质量息息相关。

3. 活动后反馈

现场活动结束后，做好活动的总结反馈，以及通过后期运营进行粉丝的关系维护和留存服务。

许多企业做活动，自认为活动很有意义，一开始就没有精准筛选活动对象，漫天撒网，通过各种环节强迫参加活动的"粉丝"扫描二维码、关注公众号，自以为自己的产品和服务都很棒，活动结束后未能及时传递、跟踪和维护关系，没有做好用户后续的留存和服务，结果大半新关注"粉丝"都取消关注。

因此，好的活动结束后只是成功了一半，后续的关系维护一定要紧锣密鼓地跟上，最好的方式是为新关注"粉丝"一对一送去关怀服务，可以通过微信员工个人号或直接通过电话沟通，给参加过活动的"粉丝"打电话并不太会引起反感，相反，询问活动感受和改进意见会很快拉近距离，"粉丝"也不会很快取消关注，为后续通过微信公众号提供各种服务创设了机会。

如果活动结束后未能及时做好后期关系维护，"粉丝"一旦取消关注，再吸引其关注就非常难了。

在开展后期一对一关系维护的同时，将此次活动精彩之处以软文和图片相结合的方式在企业公众号中推送，确保每个参会"粉丝"都有所收获。

企业也可以根据自身条件，利用活动的余热开展简单的线上追踪活动。譬如，在线上举行有奖征集活动、现场经典图片或经典感受软文的活动，针对活动设置投票活动等，以此来收集针对本次活动的反馈，并针对活动反馈进行及时回应。

同时，企业内部应及时开展本次活动总结，经验和不足都要记录下来，以期待下一次活动可以举办得更好。

简言之，企业策划活动一定要有的放矢，根据自身行业特质来策划线上线下活动，让一场活动主题明确，且有始有终，有利于提高大家的参与热情和提升品牌美誉度。

三、线上线下相结合盘活"粉丝"

我们在采访一些中小微企业微信运营者时，一些运营人员总结微信运营时用了一个词叫"乏味"！认为微信营销从某种程度上来讲是一件乏味的事，日复一日地寻找素材，日复一日地推送消息。

微信平台运营到一定阶段，企业慢慢积累了一定的精准客户，明白了我们一再强调的"粉丝"与客户的区别，开始将微信公众号后台订阅用户做了合理分类，包括成交客户、目标客户、参与互动"粉丝"等。

也正是到了这个阶段，企业开始有意无意地逐步舍弃了一部分僵尸"粉丝"，甚至对未产生成交的绝大部分"粉丝"都产生了忽视心理。

到了这个阶段，需要重新进行梳理，对企业微信公众平台的运营和所有订阅用户进行系统梳理。

企业要铭记，微信营销没有出其不意的神来之招，它需要的是不断坚持，不懈执行，企业与客户和"粉丝"之间的感情需要长期培养，不是一朝一夕就可以实现的。

在微信公众平台上，服务水平不足，缺乏运营策略，缺少互动机会，或互动频率太低，就很难实现成交，即很难实现从"粉丝"到客户的转化。

许多企业公众号运营者发现，除了一部分铁杆"粉丝"，很少有"粉丝"在看了企业的公众号推文后就购买企业产品，即不会成交。

要实现成交，关键在于运营和互动，线上到线下的导流，正如前面提到的举办活动来引导粉丝参加线下活动，进入线下咨询，激发需求，从而产生成交。

但是，仍有一部分"粉丝"，从来不在线上留言，也不参与线上或线下互动，但是却常常点击查看企业信息或推文，这部分"粉丝"从未成交，却具有很强的传播价值。

这部分"粉丝"可以打上"传播力'粉丝'"的标签，他们是最有可能产生成交的潜力股，会传播或分享企业微信品牌，为企业带来不可预估的潜在价值，是企业"粉丝"群中不容忽视的一股强大力量。

"粉丝"和客户在各个阶段都可能分享以影响更多的人，因此，微信运营者要考虑如何在不同的环节创设条件，将"粉丝"和客户的传播价值加以有效利用。

无论是"粉丝"还是客户，都要进行分类和维护，及时沟通和互动，定期维护，随时准备提供信息给"粉丝"和客户，并打消"粉丝"的顾虑，解决客户的问题。

通过切实有效的微信运营策略和线上线下活动相结合，有望盘活一部分处于观望状态的"粉丝"。

案例4　百禾传媒盘活"粉丝"

微信营销第一步：吸引"粉丝"

早在2013年，百禾传媒的创始人武敏意识到了"百禾传媒"微信公众平台的重要性，并在10月就特别叮嘱相关负责人申请注册了"百禾传媒"微信公众平台。但由于下半年是演出的旺季，公司在河南、河北、山东等省份每周甚至每天都有演出，没有太多的精力专注于"百禾传媒"微信公众平台的运营。直到2014年的4月，武敏参加2014年中国国际演出交易会回来之后，再次重申微信公众平台的重要性之后，百禾传媒才正式开始专注于微信公众平台的运营，设置微信运营官专人负责。

微信运营的初期，正赶上新版《罗密欧与朱丽叶》的宣传期，百禾传媒的微信公众平台上经常会推送新版《罗密欧与朱丽叶》的剧目介绍、影评等，虽然内容很好，但由于"粉丝"基数太小，微信内容的图文阅读人数和分享转发次数较少，每天微信"粉丝"的净增加也较少。武敏看了微信公众平台的后台数据后，感觉很不理想，要求尽快突破微信"粉丝"数500人大关，实现百禾传媒微信公众平台的再认证。但究竟如何才能在最短的时间内最大限度地增加微信"粉丝"数量呢？百禾传媒微信营销第一步是立足线下活动，将观演人群引到微信平台上。

具体包括：

阶段一：再回象牙塔，且行且珍惜。

出于剧目《罗密欧与朱丽叶》的宣传压力及微信引流的压力，百禾传媒微信运营人员制定了百禾传媒微信引流的第一阶段的方案：百禾·大学生国际文化艺术节。

鉴于《罗密欧与朱丽叶》的目标观演人群与高校大学生群体高度重合，并且高校市场所保有大学生群体的数量可观且易于组织活动等特点，百禾传媒微信运营人员决定将微信引流的第一阶段放在了郑州的几大高校。前期经过近一周的准备，5月7日，百禾·大学生国际文化艺术节的第一站正式开启。经过一天两场的活动，在百禾·大学生国际文化艺术节的第一站：河南工程学院站，以"百禾传媒"微信公众平台增加180个微信"粉丝"来了个开门红。后期，在总结第一站的经验之后，将百禾·大学生国际文化艺术节引流方案复制到了郑州的其他高校。

半个月的百禾·大学生国际文化艺术节活动结束之后，"百禾传媒"微信公众平台上的"粉丝"数迅速增加到了1000多人，每天微信后台的图文阅读人数和分享转发次数也有了明显的提高，可以说百禾传媒微信引流的第一套方案取得了阶段性的成功。

但是，好景不长，新版《罗密欧与朱丽叶》演出结束后，公司的工作重心转移到了"六一"的活动上即将拉开序幕的《百禾·童话世界》5天10场的童话剧演出。在百禾传媒的微信公众平台上运营者没有及时采取与大学生"粉丝"互动的措施，《罗密欧与朱丽叶》演出结束后不到一周的时间，百禾传媒微信平台上的"粉丝"数量有了明显的减少。看到百禾传媒微信后台的"粉丝"数量、图文阅读人数、分享转发次数等关键数据的变化情况，武敏看在眼里、急在心里。究竟应该制定怎样的方案，才能真正实现将目标观演人群引到微信公众平台上，并将引到微信平台上的"粉丝"留下来"盘活"，使其成为百禾传媒微信平台活跃度较高的"粉丝"呢？

阶段二：摩拳擦掌，笑对"六一"微信引流硬仗。

2014年是河南百禾传媒计划向完全市场化过渡、转型的关键一年，在之前8年运营的基础上，必须探索出新的运营模式。因此，结合即将到来的"六一"儿童节，武敏决定在省人民会堂进行5天10场的童话剧演出。为了尽快增加"含金量"较高的"粉丝"，武敏决定拓宽微信引流渠道，联合高端亲子机构进行线上微信引流，同时，要求百禾传媒工作人员在即将到来的 5 天 10 场儿童剧演出现场进行线下引流。

于是，制定了第二个阶段的微信引流方案："六一"微信引流。

1."'六一'喊剧目，送门票"活动

武敏决定在《百禾·童话世界》"六一"5 天 10 场儿童剧的宣传阶段，联合几个高端亲子机构针对其会员共同举行线上"'六一'喊剧目，送门票"活动。参与活动亲子机构会员只需成为百禾传媒微信"粉丝"，并对着百禾传媒微信喊出"百禾传媒，我要看××童话剧"，就有机会获得 5 天 10 场的童话剧门票。5 月 28 日 12：00 至 30 日 18：00，短短 2 天半的时间，百禾传媒微信公众平台就增加了 576 名"粉丝"，接收来自微信"粉丝"的喊票消息 1134 条。

2.启动"百禾童话世界俱乐部"互动、引流

鉴于百禾传媒微信公众平台引流第一个阶段方案实施之后出现的问题，武敏决定在"百禾·童话世界""六一"5 天 10 场的童话剧演出现场进行微信引流的同时，在微信上启动"百禾·童话世界俱乐部"。"百禾·童话世界俱乐部"是在"百禾传媒"微信公众平台上成立的一个俱乐部，主要是针对孩子年龄在 3~14 岁的家庭，希望可以通过建立俱乐部，拉近与从线下活动引流的微信"粉丝"之间的距离，与微信"粉丝"进行互动。

百禾童话世界俱乐部启动前，武敏明确要求必须简化会员流程，让观演人群在加入俱乐部时必须有一个愉悦的体验过程。因此，在"六一"童话剧的演出现场，只要观演人群扫描百禾传媒微信二维码，成为百禾传媒微信"粉丝"，并回复姓名和联系方式，就可以成为百禾童话世界俱乐部的会员。此外，演出现场为了刺激观演人群成为百禾传媒微信"粉丝"，成为百禾童话世界俱乐部会员，实现成功将目标观演人群引到"百禾传媒"微信公众平台上的目标，武敏还要求负责人制定会员专享的优惠和尊贵的待遇：

（1）百禾童话世界俱乐部的会员朋友可以终身享受童话剧购票优惠；

（2）百禾童话世界俱乐部的会员朋友可以在演出现场免费获得价值不菲的"百禾大礼包"；

（3）百禾童话世界俱乐部的会员朋友可以享受百禾传媒定期组织的免费亲子游。

为了观演小朋友能够度过这个愉快的"六一"儿童节，武敏还根据小朋友的喜好，为他们定制百禾传媒的小礼物。在 5 天 10 场的童话剧演出现场，只要家

长关注百禾传媒微信，小朋友就可以获得该小礼物。一切准备工作就绪之后，武敏和全体百禾人都摩拳擦掌，准备迎接即将到来的这一场百禾传媒微信引流的硬仗。

虽然，几天的儿童剧演出现场小朋友较多，现场秩序不太好控制，但在百禾传媒全体员工的全力配合下，百禾传媒微信引流活动仍按照既定的方案顺利执行了。5天10场儿童剧演出结束之后，百禾传媒微信平台上的"粉丝"数量迅速增加到了3000多人。其中，主动要求报名加入百禾童话世界俱乐部，并给百禾传媒微信后台回复详细姓名、联系方式和家庭住址的"粉丝"就有好几百人。

百禾传媒微信引流第二个阶段的第一套方案：启动百禾童话世界俱乐部的第一个阶段圆满收尾。看着百禾传媒微信后台的战果，武敏心头微微一喜之后又陷入了沉思：微信"粉丝"来之不易，特别是这一批"含金量"较高的"粉丝"，怎样才能长久地留住他们，并且将这些"粉丝"真正盘活呢？

百禾传媒微信营销第二步："盘活""粉丝"

百禾传媒通过线下、线上齐发力"盘活"了"粉丝"。具体策略如下：

1. "盘活""粉丝"第一计："神秘大礼"

"六一"期间的10场童话剧刚过，虽然看到百禾传媒微信增加了很多"粉丝"，武敏心里还是犯嘀咕不能确定究竟这些"粉丝"有多少是真正有价值的？为了测试百禾传媒微信后台"粉丝"的活跃度，武敏要求负责人制定微信"粉丝""盘活"第一计：邮寄会员卡和神秘大礼。之前的两套方案都是将线下的目标观演人群引到微信公众平台上，而微信"粉丝""盘活"的第一计就不同了，它是为线上的俱乐部会员寄送实体的百禾童话世界俱乐部会员卡和神秘礼包，实现微信"粉丝"线上互动、线下体验，让百禾童话世界俱乐部会员有更强的归属感。

方案制定之后，百禾传媒微信运营人员在微信公众平台上推送了一篇题目为"一大波礼品在靠近，围观喽！"的微信内容，告知微信公众平台上的"粉丝"，回复姓名、联系方式和地址，就可以收到百禾传媒邮寄的"百禾童话世界俱乐部会员卡"和神秘礼包。百禾传媒的微信运营人员想通过这篇微信内容测试一下究竟还有多少微信"粉丝"在关注百禾传媒推送的内容，他们中有多少是对百禾童话世界俱乐部感兴趣的？连续推送了两天这篇微信内容之后，除去之前已经留下详细信息的几百名微信"粉丝"，百禾传媒微信后台又有近300多人按照微信内容的要求，回复了关键词"百禾传媒，我要加入百禾童话世界俱乐部"，其中有将近300人回复了自己的姓名、联系方式和地址。这次测试活动的结果，对于刚开始运营百禾传媒微信公众不到3个月的运营人员来说，效果是十分理想的。这让百禾传媒董事长武敏感到十分欣慰。

但是，仅仅通过一次微信活动来测试微信"粉丝"的活跃度还是不够的。如何才能通过一次一次的刺激，真正"盘活"更多微信公众平台上的"粉丝"，并且通过这些"粉丝"和活动吸引更多目标观演群体到百禾传媒微信公众平台上呢？

2. "盘活""粉丝"第二计："'爸'气时光：拼人气，赢大礼"

6月13日凌晨开幕的"2014世界杯"，是最近讨论的热门话题，很多八卦新闻也顺势细数了这届世界杯上的"萌"爸球星们，并戏称这次世界杯为"爸"气世界杯。2013年热播的《爸爸去哪儿》及最近热播的《爸爸回来了》等，也让"爸爸"这个词成为了高频词。很多人逐渐开始关注"80后"家庭中的这波"特别"的爸爸们，关注他们与孩子相处的方式。在很多人眼中，"80后"的爸爸们似乎真的和传统意义上的父亲有着明显的区别，他们更看重与孩子之间的互动，更愿意抛弃"严父"的包袱与孩子进行平等交流，随时流露对孩子的细致关爱。鉴于多数"80后"家庭的这种现象，百禾传媒微信运营人员制定微信"粉丝""盘活"第二计："爸"气时光：拼人气，赢大礼。为了让百禾童话世界俱乐部会员切实感受到会员福利，"爸"气时光：拼人气，赢大礼仅限百禾童话世界俱乐部的会员参与。6月19~20日，百禾童话世界俱乐部会员只需给"百禾传媒"微信公众平台回复一张"爸爸与孩子"的幸福、温馨亲子照，就有机会免费获得两张美国原版迪士尼《三大经典童话》的剧票，或者是迪士尼精美礼品一份。

一天半的时间，就有60多个百禾童话世界俱乐部会员给"百禾传媒"微信公众平台回复了温馨、幸福的亲子合照，确认参与百禾传媒微信平台上的评比活动。看到一张张幸福、温馨的亲子合照，武敏和微信负责人还是"忍痛"精心挑选了其中更令人感到温馨的亲子照，并推送了一篇"'爸'气时光：亲子合照诞生了，赶紧来投票吧！"微信内容，让微信粉丝开始为这20张精选的温馨亲子合照投票，发挥主人翁作用，决定究竟哪对父子/父女可以获得百禾最"爸"气组合之称，并获得价值560元的两张美国原版迪士尼《三大经典童话》的亲子票；哪对父子/父女可以获得百禾"爸"气组合之称，并获得价值360元的两张美国原版迪士尼《三大经典童话》的亲子票；哪对父子/父女可以获得百禾最佳亲子组合之称，并获得迪士尼精美礼品一套。

投票活动才刚刚进行了3天，百禾传媒微信公众平台上已有近600名微信"粉丝"参与了投票环节，为这一对对可爱、温馨的父子/父女照片投票。同时，几天的投票也为"百禾传媒"微信公众平台吸引了 200 多名新"粉丝"。

"百禾·童话世界""六一"儿童节 5 天 10 场儿童剧，将现场观演人群引到"百禾传媒"微信公众平台上，并通过一次次"线上+线下"的互动活动将微信"粉丝""盘活"，三个方案环环相扣，"六一"童话剧的演出已经过去了 20 多天，"百禾传媒"微信公众平台上的各种互动活动仍得到了很多微信"粉丝"的积极参与，并且这些参与的"粉丝"大多留有详细的信息。武敏认为，这对于刚刚开始运营不久的"百禾传媒"微信公众平台来说，已经是取得了很大的成功。

3. "盘活""粉丝"第三计："温泉旁的童话世界"。

在经过以往的活动积累之后，百禾传媒的微信平台已积累了相当多的"粉丝"量，但是微信运营中晒图、赠票等活动的集中运行并不是长久之计，如何更高层次地使"粉丝"能够与百禾传媒面对面，给"粉丝"切实直观的"超值体验"，为"粉丝"提供最大的体验活动的现实问题摆在百禾传媒微信运营团队的面前。百禾传媒通过"带你秀更要带你玩，巧打组合拳"来盘活"粉丝"。2014年 9 月 7 日成功举办的"温泉旁的童话世界"首场演出，通过百禾传媒官方微信的宣传，覆盖人次达到 5635 人，并且项目回报率达到了 50%。通过百禾传媒微信平台的宣传，吸引"粉丝"及联累客户的参与，小型的演出活动叠加温泉的回馈，为百禾传媒的微信方式转变提供了另外的出路。截至 2015 年 5 月，该活动已成功举办 5 场。

4. "盘活""粉丝"第四计："'爵士'女王魅力，势不可当"

百禾传媒以剧目特性引发舆论宣传，2014 年的百禾国际艺术节，爵士乐女王——小野丽莎 2015 新年音乐会，基于以往的百禾·大学生国际文化艺术节积累的"粉丝"，及大学生对于爵士音乐的了解与喜爱。首先，通过话题行为的文章推送宣传造势；其次，在地铁、报纸等媒体发起"合影赢门票"等活动，在话题传播的同时造成"全城皆知女王来"的宣传效应。在整个的宣传活动中，"百禾传媒"微信公众平台上的"粉丝"数增加了 500 多人。

5. "盘活""粉丝"第五计："2015 春节，人文关怀"

要想"粉丝"跟你走，人文关怀少不了。在 2015 年的新年来临之际，百禾传媒的微信团队在所有的"粉丝"中挑选了 50 位最为活跃、参与活动忠诚度高的会员送出百禾传媒的新年大礼。通过实际的行动向长期支持百禾传媒的"禾粉"们表达心中的感激。"礼轻情义重，温暖在心间"。在随后的微信宣传中，百禾传媒微信的运营人员以此为切入点，通过一次实际的行动，结合新年的节点，发起"新年健康饮食计划"、"过春节，就得这么任性"、"幸福中国年——征选羊年最IN的福星宝贝！"、"细数麻麻如何Duang走孩子的压岁钱！"、"世界再大，也要回家"等话题及票选活动，在新年之际不间断地持续与会员互动，增强会员黏性，累计关注人数接近5000人。

关于"盘活"微信"粉丝"，百禾传媒创始人武敏得出了这样的结论，微信只是一种工具，想要真正"盘活"微信"粉丝"，仅仅依靠微信营销是不够的，必须制定以微信营销为基础的整合营销传播方案，通过环环相扣、系统性的打法才能最终取得战争的胜利。

资料来源：中国管理案例共享中心，有修改。

第20堂课

打破微信营销误区

一、观念问题

在大数据营销时代，微信营销虽然叫得很响，也赚足了眼球，但是许多建设了微信营销平台的企业却处于被动迎合潮流阶段，并没有真正进行微信营销战略定位，既无宏观上的营销理念，无法实施企业品牌形象、战略发展与社会化新媒体营销的系统整合，也没有设计出与之相应的整体营销策略和营销战术。

具体的表现有：实施微信营销的主动性不强烈，微信平台缺乏诚意，服务很难到位等，这在一定程度上弱化了微信营销的价值和意义，导致营销效果差强人意，并且陷入了一种死循环。

概括而言，企业实施微信营销却没有什么成效，主要根源可以概括为两大误区：一是观念问题，二是策略问题。

观念问题可以概括为以下几点：

1. 微信平台缺乏诚意，服务不完善、不持续

微信营销，不论是对微信公众号、微信圈还是微信群营销，设计固然重要，管理则更为重要。

尤其是对微信公众号的管理，从选题、编辑到推送，不仅耗时而且要非常用心，实施微信营销几乎每时每刻都处在营销状态，要与"粉丝"、客户的即时互动；对营销过程实时监测、分析、总结与管理；根据市场与消费者的实时反馈，不断调适营销目标等。如果公众号运营管理人员没有耐心和激情就很难坚持，即便是基于工作职责的约束，也很难做到长期用心去创新。

许多企业虽然已经认识到运用社会化新媒体营销的重要性，但由于缺乏专业型人才以及投放资金预算大等原因，并没有投入足够的资源在微信营销上，因此导致微信营销管理不到位，服务跟不上，直接影响"粉丝"和客户体验，使得微信营销陷入僵局，甚至对企业的品牌形象产生负面影响。

此外，关于微信平台的安全问题，也需要企业高度重视。在微信营销平台中，企业一定要注重对客户隐私信息的保护，只有诚信企业才会得到客户的长久信任。

2. 微信平台定位不准，渐行渐远，丢失价值

微信营销建立的体系主要依赖于内容传播，都说原创重要，使得许多企业不惜一切代价致力于内容原创，但由于定位不准，传播的内容量大且形式多样，让客户无法体会到自己真正需要的是什么，许多企业实际上在做一些伪原创的工作。

企业既然要为目标客户提供内容，就要给客户真正有用、有价值的信息，绝不能提供没有什么意义或容易招致客户反感的信息，根据自己企业的定位，确定提供给目标客户所需要的内容才可能传递出相应的价值。

事实上，微信营销没有想象的那么简单，从"获客"到"活客"，每一个小环节都需要精耕细作，都会牵一发而动全身。对于企业来说，一定要不忘初心，持续提供价值和服务才是硬道理。

3. 急于求成，盲目夸大微信营销的作用

企业开展微信营销一定要杜绝"短平快"思维。

微信公众号中一些比较火热的订阅号宣传以及我们身边的一些微商营造的成功信息，有一定的夸大性，会让大家对于微信营销的作用产生不切实际的幻想，把微信营销平台看作一个可以在短时间内咸鱼翻身的成功跳板。

这种过于乐观的态度会影响企业微信营销平台的构建。微信营销平台是一个全面开放的展示台，可以最大限度地拓展企业的优势，同时也会让企业的劣势一览无余。

这也是本书从一开始就强调一定要精耕细作进行微信营销平台构建的原因，一定要先做好各种准备，夯实企业自身资质，不断提高企业的实力和传播企业正能量。

二、策略问题

1. 策略不明确，病急乱投医

企业实施微信营销是一个长期渐进的过程，许多中小企业面临的现实是，微信"粉丝"量小，人气很难增长。相较于中小企业，大企业可以依靠其品牌知名度和美誉度，较快地累积大量"粉丝"。而中小企业的现实是：原本就没有较高的品牌影响力和知名度，也缺乏精英团队为企业带来更多"粉丝"，公众号最基本的"粉丝"量即为一个致命的短板。

许多中小微企业前期投入了很多人力、物力来盲目吸粉，由于"粉丝"选择不精准，效果并不理想，导致病急乱求医，盲目模仿，以及想象出各种神来之法，却都无法取得理想效果。

针对这种困境，中小微企业首先要认识到自己是一个有精准客户定位的企业，而不是一个广泛的传播媒体，一定要做到精准定位、精准营销，不要盲目追求粉丝量。其实将营销做精准，做入人心其实并不难。

任何线上线下营销推广的基础都是服务品质和信誉，微信营销的基础是信任营销，这是微信营销平台的优势。还是那句话，做好已有客户的服务和价值传递才是硬道理！

2. 营销同质化，内容无创新

许多中小微企业在利用微信开展市场营销时，常常照搬大企业或成功案例的营销策略，并没有考虑自己企业的产品和资质的特性以及其公共平台的特点，一味借鉴别人成功的营销套路。例如，对于热点事件的跟风，无论这一事件是否适合自己的品牌内涵，都强行予以植入，不仅难以取得良好的营销效果，还消耗了准客户对企业的信任。

微信营销虽然精彩纷呈，但是企业如果忽视自身情况只是简单地照搬别人的营销策略，就难以发挥出其应有的营销效果。中小微企业开展微信营销，要根据自身特质，跳出同质化的藩篱，敢于在策略上大胆创新，根据自身的实际情况积极探索多种方法与客户互动，多从客户的角度去思考问题，因势利导，进而做出创新和亮点。

因此，作为中小微企业，在开展微信营销时切忌盲目跟风，盲目模仿成功的微信营销案例，也不要盲目照搬大企业案例的营销策略，要根据自身的产品特色，寻找精准客户群，精耕细作，着眼于微信营销服务和价值传播。

3. 线上与线下未达成协调统一

许多企业在开通了微信公众号后一直在尝试各种吸粉和营销策略，包括积赞活动、投票活动，举办线上线下相结合的活动等，另外，公众号的推文小编们也一直在绞尽脑汁地做各种创新，很多创新推文换在别的粉丝量众多的公众号中一定是 10 万+的推文，但在自己企业公众号中却只换来为数不多的点击量，引不起多少波澜。之所以如此，归根结底是企业线上线下的运营和服务未能协调统一。

这种状况会使运营人员渐渐地被削平了锐气，浇灭了热情，导致公众号运营者变得麻痹，从而导致公众号运营陷入一种尴尬窘境。公众号运营一定要警惕这种麻痹现象的出现。

企业的线上营销，包括微信平台建立，是企业品牌宣传推广的渠道和服务通道之一，掌控企业生命线的核心是线下过硬的品牌建设和产品质量。

线下活动是互动服务的基础，线下的产品才是核心。

打铁还需自身硬，所有线上线下营销都在围绕企业产品进行，因此，企业产品才是重中之重。

如果企业线下的产品品质和价值不到位，那么，即便线上公众平台建设得如火如荼，也不会达到理想的营销效果。对于有些企业来说，线上品牌传播度不断扩大，但线下产品价值乏善可陈，则线上营销推广可能还会起到适得其反的效果。

因此，企业在做线上营销宣传时，一定要夯实企业产品线之根基，持续为"粉丝"和客户提供品质产品和优质的售前售后服务。在此基础上，开展线上推广，发布硬广也好、软广也好，通过大数据库对客户进行大范围的精准性筛选，将产品信息准确地传递给选定的目标客户群，进行宣传和营销。再结合线上线下互动体验以及服务等，线上线下共同发力，才能赢得"粉丝"的认同和信赖，进而为企业赢得更好的发展。

第21堂课

微信异业联盟

所谓跨界营销，简单说就是两个行业不同品牌之间的合作营销，二者联合营销，拓展单一品牌所达不到的辐射范围，从而达到优势互补，创造出更大的价值，进而提高双方品牌的知名度和产品销量。

如果说"跨界"的概念并不是那么接地气儿，那么"异业联盟"会更容易理解。异业联盟指不同行业或不同企业间相互联合，扩大客户群的同时巩固客户群，有效降低营销成本，双方互惠共赢的同时，也促使双方客户利益最大化，达到多方共赢的营销模式。

许多企业虽然经营的是不同的产品或服务，但面对的却是同一个市场、相同的目标客户。通过异业联盟的形式，企业之间相互合作，充分发挥各自的优势，资源共享，切实响应客户需求，共同培育市场及争取市场份额。

大家比较熟悉和常见的一种线下异业联盟方式是各大汽车4S店与保险公司的合作，4S店和保险公司共享客户资源的同时，也为客户提供了便捷、优质的服务，实现了三方共赢。

同样的道理，利用微信平台谋求异业联盟，更是有隔空传播、势不可当的势头。明星和网络红人利用微信平台进行公众号运作，利用人气圈粉，从而开展衍生品营销也是微信异业联盟的典型案例。

对于中小微企业来说，目前进行微信平台上的异业联盟主要集中在"粉丝"和目标客户的互推、引流和推介销售相关衍生品。

1. 寻找目标客户相似度高的公众号进行线上互推和引流

在一些"粉丝"量比较大的公众号推文末尾，常常看到另一个不相关的公众号二维码和关注指引，这是最简单的公众号线上互推和引流。一些大号会利用这种推介方式来盈利，企业可以尝试用这种方式来推广自己的公众号。

需要注意的是，这一点和线下进行异业联盟很相似，进行互推的企业公众号一定要寻找目标客户相同或相近的联盟伙伴。

一个经典的例子是，一家连锁药店与某健身房合作，协议规定在健身房的客户消费满一定金额，就可以在药店享受优惠，但是二者的目标客户相似度非常低，健身房的目标客户是青年人，而药店的目标客户是老年人，此类异业联盟就难以达到较好的效果。

因此，对于媒体性质不强的中小微企业，在谋求线上互推和引流联盟时尤其要注意选择合适的联盟对象，盲目引流和吸粉无益于精准客户的培养。

2. 通过线上线下联动进行互推和引流

一度热衷于"扫一扫"的商家是一些实体店，例如在饭店、美发店等场所放置照片打印机，通过扫描二维码关注某个个人微信或企业公众号免费打印照片。

但是，正如本书前面一直在强调要精准吸粉，引流合作一定要面向目标客户。简单举例，例如，美发店的客群中年轻女性客群通常比较大，这就比较适合女装或化妆品类企业与其联盟合作。

当然，此类联盟并不仅局限于免费打印照片，免费打印照片已经大众化，可能提不起大家"扫一扫"的冲动了，也可以发挥想象力，通过提供其他免费服务来吸引目标客户扫描关注，例如，母婴用品公众号可以通过"扫一扫"免费坐摇摇车来吸引宝贝父母"扫一扫"。

在目标客户群相似的实体店放置免费咖啡机、免费书架等，都可以吸引到比较精准的目标客户。

在实体店商家联盟成功关注公众号的"粉丝"，可以在公众号上领取联盟电子优惠卡，到联盟实体店商家消费时出示优惠卡即可享受商家给予的优惠。

此种方式也适用于各种线下活动。通过其他企业和商家举办的线下活动同样可以谋求异业联盟，实现互推和引流的目的。

3. 推介或销售相关衍生品

有人说，在淘宝天猫上开店，像钓鱼，无论什么时候去，总能钓到一些；微信上做营销，像养鱼，时间短肯定不行，一定要有耐心。这句话很有道理，微信营销一定要有足够的耐心、一定要沉下心去做好基础铺垫和服务工作，等积累了一定量的忠诚客户后，就可以通过微信平台推介或销售一些与企业相关的产品或衍生品了。

譬如，餐饮行业的公众号积淀了一定量的忠诚客户后，可以实施异业联盟，与有机蔬菜基地或水果基地合作，在与其关联的微信小店或微信商城中销售有机蔬菜或水果类产品。这是简单的行业上下游供应链上的异业联盟，在实体店不可能实现，但在微信平台中就可以轻松地得以实现。

同样的道理，保有大量忠诚客户的中医类公众号，也可以在与其关联的微信小店或微信商城中销售养生保健产品。

这些都是简单可行的异业联盟，以此类推，企业可以创新性地进行很多其他类型衍生品的微信营销。当然，衍生品不止于实物，还可以包括虚拟产品、旅游产品等。

做异业联盟最核心的一点是：一定要诚信，这点是重中之重，毋庸置疑。因此，选择推介或销售的产品一定是信得过的产品，不要因为推介的产品问题影响到客户对自己的信任，这就得不偿失了。

案例　"智读汇书友"的"共享书吧"计划

"共享"大概是2017年比较火热的词之一。在国内迅速火爆起来的"共享单车"，引发了诸多争议。紧随此后，"共享汽车"、"共享电动车"、"共享雨伞"等概念也应运而生。不得不承认，我们正身处一个共享的时代，共享经济、共享资源、共享知识等。

公众号"智读汇书友"是上海智读汇文化传播有限公司的微信订阅号，该公众号在2017年也发起了一个共享公益项目，即与酒店、公寓、咖啡店、茶馆等线下公共空间企业合作"免费书吧"，"智读汇书友"向合作方免费供书并不断更新新书。

在"智读汇书友"的订阅号中，点击一级菜单"征稿招聘"，在二级菜单中可以看到"共享书吧"菜单，此公众号正在"面向全国各地征集共享书吧"。

正如"智读汇书友"公众号介绍中所描述的："连接更多书与书、书与人、人与人"，"共享书吧"正是基于此使命而发起的跨界合作计划。目前在上海已有数十家咖啡店、酒店等与"智读汇书友"达成了合作。双方在践行共享理念和公益精神的同时，也通过跨界联盟合作提高了品牌知名度和美誉度。

第22堂课

畅想"微"管理的未来

——我们之间会有故事吗?

——一定会有的!

这是发表在微信朋友圈的对话。

你有没有想过,你会与每一个在你朋友圈或公众订阅号驻足的人发生故事?

是的,一定会!

这就是"微"管理!

"微"管理,玩的不仅是有趣,更是未来!

在大数据信息"微"时代,微信不再仅仅是个 APP,还是一种生活方式、工作方式和消费方式,"微"时代里团体与个体都是信息的生产者和消费者,人人都能传播信息,人人都在被关注。

以下是我们通过各种渠道,包括微信公众号、微信朋友圈、微信群、微信摇一摇、微信漂流瓶等多种途径收集到的各种各样关于"微"管理未来的畅想,为我们认识微信的未来打开了一扇天马行空的窗户:

将传统中医与微信平台相结合,来一场传统与未来携手的顺和之旅。

——来自公众号"顺和健康"创始人

人的诚信都很好,物流人员漫天飞。

——来自漯河的漂流瓶

只能说网络是把双刃剑,耍剑的人先要做好防身工作哦!

——来自贵州的漂流瓶

第23堂课

五段复盘：跨界思维畅想微信营销

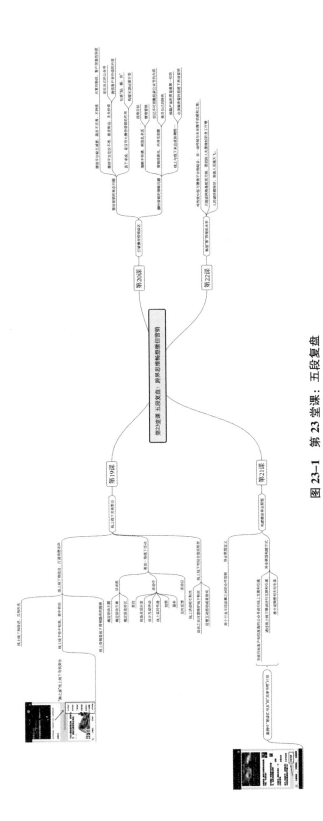

图23-1 第23堂课：五段复盘

第24堂课

预言微信营销大未来

从 2011 年 1 月 21 日微信诞生之日起至今这五六年的时间里，令人惊讶的是，微信用户数量已超过 9 亿。面对微信用户数量几何式的增长，企业和商家抓住机遇"乘势而上"，于是微信营销随之兴起。

作为微信的新产物，微信营销虽然受到很多中小企业及微商的追捧，同样也受到了来自业界的一再质疑。微信营销的未来是"向左"还是"向右"？

一、微信营销开启商业"新模式"

2010 年，张小龙判断基于移动互联网的新 IM 将会对腾讯 QQ 造成致命威胁后，随即给马化腾写邮件并得到认可，微信从此酝酿并诞生。微信发展到今天，"微信之父"张小龙或许没有想到几年后微信改变了人们的生活方式，开启了营销新模式。

微信的横空出世，被《纽约时报》评价为："微信正积极尝试扭转中国本土互联网产品无法推向世界的命运。"随着社会智能化发展，微信作为一种新兴网络社区软件，为电子商务提供了一种全新的营销渠道。

马化腾指出"互联网+"是一种趋势，加的是传统的各行各业。微信正是一个传统行业与移动"互联网+"的入口，为传统行业提供了便利的条件。随着微信的迅速发展，微信营销的功能将日趋强大，潜在客户数量将日趋增多，营销定位将更加精准，高端用户比例将更高，届时将会给互联网营销领域带来重大的变革和突破，微信营销势不可当。

微信营销主要通过支持微信功能的手机或平板电脑，通过用户移动客户端的定位功能进行区域定位营销。在当今营销手段多样化条件下，微信营销的出现革新了很多人对商业模式的认识，是刷新人们认知范围的营销新方式。

微信营销基于微信平台向用户推广企业产品及企业品牌，是一种现代化营销模式。相对于传统的营销模式，微信营销作为一种移动网络营销方式，具有门槛低、成本低、推送消息精准、病毒式传播、互动性好等特点，实现了真正的体验式营销，微信营销将提供更加便捷快速的服务，很大程度上改变了企业过去传统营销模式，开辟了网络营销的新路径。

微信营销的商业运作模式与淘宝、京东等通知竞争者相比，形成了鲜明的差异化，逐渐形成了基于内容输出的创新商业运作模式。商界企业家、个体户敏锐地意识到，微信作为普及人群数量迅速增长的公众化平台，在信息推送和提升消费者体验方面蕴藏着巨大潜力，借助朋友圈、公众号等纷纷开始微信营销，自此，广告推送、功能嵌入、企业公众号宣传和推广等营销形式层出不穷。

巴克莱集团驻香港分析师艾丽西亚·亚普（Alicia Yap）曾表示："微信堪称杀手级应用，它似乎能够聚合用户行为。一旦有用户使用，该用户的所有朋友都将使用它，而且他们还需要继续长时间使用。"微信为客户提供定制化的信息服务，这种庞大的人机网络圈的形成为商家及媒介发布广告和信息服务提供了巨大的商业发展空间。

国内许多学者对微信营销的未来非常看好，他们认为微信营销将成为市场营销之外的另一重要的营销方式，其可能引领一种新的营销模式。

学者陈蕾认为，微信营销是我国互联网经济领域基于即时通信工具软件进行多功能商业化开发推广应用的成功案例，其在吸引企业级用户入驻方面的优势目前还无人能出其右。

学者王欢认为，在未来，微信营销还可以结合更多的服务模式，草根企业家如果想要表达信息，可以通过微信表情、皮肤等提供的产品或服务来展现。

学者张晓彤认为，微信营销正处于野蛮生长阶段，目前官方并没有对微信营销这一行业予以承认，在法律上也没有任何规范，但是随着微信的发展，微信营销越来越火热是必然趋势。

微信还会不断地创造新的可能。"我开始害怕微信了！"媒体大量报道马云的这句话。随着微信功能越来越强大，微信营销的运用方式也将更加丰富，将爆发无限的潜力，成为各行各业提升企业品牌价值与盈利能力的重要渠道。未来几年，微信将带动微信营销模式的新创新，开启商业营销的新模式。

"微信或许是下一个创业的机会，我认为今年年底，这个生态就会爆发，现在投资人也开始逐渐在关注这个领域。"马化腾表示，只有与时俱进的企业，在接下来的微信营销战争中才能争得一席之地。

社会越进步，分工越专业。在微信营销迅猛发展的今天，能够瞄准微信营销与其他营销方式之间的差异，针对微信营销的特点与优势有策略地为用户"量体裁衣"，这样营销的商家才是真正的智者，也势必将微信营销推向一个富有创新、富有活力的新境地。

二、微信营销开辟未来"新天地"

中国是整个全球电商竞争最激烈的市场之一，微信营销从众多的互联网营销中"脱颖而出"绝非偶然。从某种意义上来说，微信营销才刚刚起步，它正在开辟未来"新天地"。

移动通信软件与中国互联网的全球机会研讨会暨微信类移动通信软件行业发展报告会上，专家们一致表示，微信是中国互联网第一款世界级产品，有望成为继 Google、Twitter、Facebook、YouTube 和维基百科五大互联网之后的第六大全球互联网平台，成为中国互联网第一大应用。

微信的出现使得中国互联网产品有了知名度，微信营销从"水深火热"的微商中脱颖而出。相信微信只要紧紧抓住 4G 技术这个千载难逢的重要机遇，积极努力、开拓创新地开发出更多贴近用户、方便用户、服务用户的新理念和新产品，伴随着微信的发展，微信营销的发展空间将更为乐观。

近年来，微信不断走向国际化，有望塑造全球社交媒体的未来。在东南亚，微信支持印度尼西亚语、马来文、泰文、越南文等多种文字，可在安卓、苹果、微软、塞班等多种移动平台下载安装。微信使得中国人通过微信营销认识了泰国等东南亚国家的产品，拓宽了企业的营销渠道。此外，微信在欧美市场也获得了新的发展，微信营销国际化的发展轨迹正在形成，微信营销的新市场也将随之被打开。

全球领先的移动互联网第三方数据挖掘和整合营销机构艾媒咨询（iiMedia Research）发布的《2014 年中国商铺用户微信运营调研报告》数据显示：中小商家微信关注用户的增长主要来自于线下的实体经营，占比高达 50.7%。微信营销已逐步走向大众化、市场化，成为一种营销发展的潮流趋势。

美国市场研究公司 SuperData 近日发布了 2017 年 6 月全球数字游戏市场收入排行榜报告，报告指出 2016 年中国游戏市场实际销售收入达 1655.7 亿元，同比增长 17.7%。其中手游市场的实际销售收入 819.2 亿元，同比增长 59.2%，首次超过端游市场，《王者荣耀》稳坐移动平台数字收入的冠军之位，成为了国产手游的爆款。据资料显示，绝大部分玩友是通过微信登录《王者荣耀》的。微信在游戏业务应用上贡献突出，微信游戏化为国内移动游戏市场带来了收入的新增长点，逐渐占据了移动游戏市场，这无疑为在线游戏业务开辟了"新天地"。

微信营销未来的天地有多广阔，不仅取决于能否把微信应用打造成真正国际化的互联网巨头，还在于是否能够在未来抓住新技术。

马云称，在未来的30年，技术会应用到人们生活的方方面面。过去PC时代的传统IT架构与技术，将在未来大量向移动端转变。并且由物联网、大数据、人工智能带来的新技术，将会改变人们生活的方方面面。"微技术"的未来是无限宽广的。"微营销"的市场也是不可估量的，微信营销潜力不容小觑。

在未来，微信可以通过微信支付统计用户的购买情况，获得消费者在价值观方面的数据，并根据用户关注的公众号来细分市场。大数据时代下的微信营销趋势也可以利用精准的数据分析，总结分析用户喜好、消费习惯等，对客户进行分类，建立群体性客户档案，然后针对不同类别的客户群体推送需求信息。商家在运营的过程中，也可以将商品和微信的多种功能完美结合，带给用户具有趣味性和实用性的互动体验，并提供个性化服务。

可以预见，也许在不久的将来，微信用户不用再为去哪里吃饭、去哪里玩等而发愁，因为通过大数据分析，微信可以精准地定位到你当下的迫切需求并给你规划好了最优方案；也许在不久的将来，你不用再为约会地点而烦恼，你拉一个微信群，微信通过群里其他人的地点自动推荐方便大家约会的地点和时间。

未来相当长一段时间里，技术仍然处于技术变革期，如果微信的技术能力不能持续创新，就可能被后来者所超过。同时，对于腾讯来说，微信既是一个通往移动互联网时代的船票，同时也需要在未来的布局中发挥更好的作用。互联网专家郭全中表示，未来的人工智能、VR、万物互联等技术，会对微信产生什么样的影响，未来应该如何应对，微信要做好预测并提前布局。

"微信实现了通信、社交、平台化三者一体，这在全球也是首创。"马化腾表示，微信拥有开放平台、商业模式嫁接、朋友圈、公众号平台等多方面的创新，微信营销还有很多有待发掘之处，未来仍然充满了想象和期待。